陪孩子慢慢长大

果麦 编

浙江文艺出版社
Zhejiang Literature & Art Publishing House

果麦文化 出品

编者的话

为人父母的拳拳之心，往往是在成为父母后才能真正明白。

看着孩子稚嫩的睡脸，想到有一天他会长大，会独立，会离开自己走向更广阔的世界——唯愿那时的他能有选择的机会和保护自己的力量。在此之前，父母就是他的港湾，护他健康周全，引导他学习思考，教他与人打交道。过程中会出现各种各样的困难，需要父母留心观察、发现并提供帮助。

陪孩子一起成长，对父母而言就是一场修行。也许你也看过许多教育理论，但还是不确定自己做的选择，对未来的孩子来说是好还是坏。

责任很沉重，究竟该怎么做？

我们选择了来自不同领域、不同文化背景的名家，希望父母们能从他们的育儿体悟和教育理念中得到启发：

当女儿说"想回到妈妈的肚子里去"时，周国平察觉到这是孩子对成长的忧惧；

纷飞战火中未能陪在孩子身旁的林徽因，给孩子写去长长的嘱托，还画了两幅地图来说明白如何能找到妈妈，告诉孩子"什么都不怕"；

李松蔚向来访者道出的一句"孩子长大，父母也要长成大人的父母"，提醒我们问题的出现往往也意味着改变的开始，父母也要跟上孩子成长的脚步；

曹禺对二十九岁的女儿说："小方子，你不能再玩了。"看似嗔责，实是基于平等的、相互理解的关系所作出的尊重对方的表达。他的女儿后来说道："爸爸把我看透，他觉得我也能把他看透，我知道他内心的感觉。"

其实，养育的过程本无确凿的法则，这些文字也并不提供标准答案。因为每个孩子、每个家庭都是不同的。孩子真正需要的，也许并不是最懂教养之道的父母，而是愿意以爱意、尊重和鼓励陪伴他，并与他携手共进的父母。我们唯一能够确信的是，以爱包裹的时光，将成为孩子一生的铠甲。

我们教养孩子，孩子亦改变了我们。

这趟单向的旅程，愿我们都有所收获，懂得珍惜。

目录

辑一　一生的目光

我们不是点亮星光的人，而是凝望星光的人。

I

辑二 爱的流动

陪伴孩子的时间只有几年，要让家成为孩子永远的港湾。

辑三　成长与分离

遥望你长大的背影，是我一生的功课。

辑四　未来的期许

这个世界，你要亲自去看看。

辑一
一生的目光

我们不是点亮星光的人，
而是凝望星光的人。

在航班信息牌下长大的孩子

陈丹燕

真奇怪，航空公司柜台前一个人影都没有，只有我和太阳两个傻子，还有她的大红箱子。

原来今天的航班取消了。太阳只好明天走。

我们俩决定就在机场住一晚。准备出发的心情突然就松了下来，这才看见候机楼里不少人都朝一个方向看。原来，在停机坪上方的天空中，出现了一道弯弯的、宽宽的彩虹。

"是两道！"太阳指着它叫了一声。

果然，仔细看的话，能看到真有两道彩虹叠加在一起，宽宽的，好像一扇非常重要而且神秘的拱形凯旋门。

"快许愿！"她急急忙忙吩咐我，自己赶忙对着彩虹交叉十指，闭上眼睛，嘴里就嘟嘟囔囔起来。

虽然她已经过了二十三岁生日了，但她从小到大的泛神论，却一点也没收敛。我想起她有一次在机场等飞机，怕飞机出事故，就祈祷说，天灵灵，地灵灵，上帝啊，佛祖啊，张天师啊，观音菩萨啊，孙悟空啊，所有的神灵都一起来保佑我吧。那时她几岁？在哪里？好像是在日本大阪的飞机场，我们看到天上一裂，有条蓝色闪电直直地从高空劈进大海里。太阳那时说，她还小，还有好多地方没有去过，好多好吃的东西也没吃过，她可不想死。所以那天，她对着闪过电、暴雨如织的夜空嘟嘟囔囔了半天，那时她八岁。

是的，我和太阳一起在许多机场停留过。

太阳八岁那年，我们第一次长途旅行。那时她真是个只有芝麻般大小的小人儿，不会说英文，也不认识钱。我在她书包里放了一张小字条，上面写着：我叫陈太阳，我的飞机航班是某某，我家的地址是某某，我家的电话是某某，请你打电话找我妈妈某某。我教她认识小钱，一块钱、五块钱、十块钱，这些都是打长途电话用的，两角五分则是打本地电话用的。教她认识谁是警察，可以请求帮助。那时，我算来算去，她只会在机场与我走散，其他时候，想要走散都不容易。

太阳第一次离开我长途旅行是什么时候？是她十一岁的夏天。她在上海过了暑假，又回美国上学去。这次她还带着九岁的小表弟，他俩一起回家。在换登机牌的柜台前，他俩还打打闹闹的，在闸口和我告别，还趁拥抱的时候，恶作剧地将满嘴的口水舔到我脸上。可一进闸口，知道我不在身边了，只见她浑身一紧，肩膀平平整整地，一手将表弟的护照与登机牌收过来握好，另一只手拉住表弟的手。每个孩子都有一个时刻，让父母突然醒悟，这孩子，他长大了。走进闸口的那一刻，对我来说，就是她长大的那个时刻。他们俩，合伙跟大人讨价还价，节约下航空公司托管儿童的一百六十美元，安全回到美国，那钱就归他俩的小金库了。

差不多每次都是我去机场接太阳的，要不我们就是一起回家，或者一起出发。小孩子飞了一万里，回到妈妈安排好一切的地方，这就是家。哪一次是太阳来接我的呢？是太阳十八岁，高中毕业的那一年。那一年她独自住了一年，临毕业时，我才去参加她的毕业典礼，帮她搬家到大学去。太阳告诉我，她将一切都安排好了，她最好的女朋友会在家做好晚饭，欢迎妈妈。她和她的男朋友会来机场接我回家。

那是她第一次离开我，独自生活了十个月。她说，老师带话给我说，我应该为自己有这样的女儿自豪。她说，我将会看到她的高中毕业礼服上多了一条金色璎珞，那是优秀毕业生的标志。她还说，家长们会在毕业典礼上全体起立，接受毕业生和全体老师的掌声和欢呼声，因为他们的孩子成人了，他们的使命从此完成。"你自由了。"她在电话里宣布说，好像大赦令。

那个五月的下午，我坐在机场等太阳，中西部炙热的阳光，抹去了天空中所有的雾气和薄云，天空像蓝色的深渊一样。这时候，我看见一对少年，手牵着手走进来。那位年轻的女士穿着短衫短裤，露出健康结实的褐色皮肤。唯有脸上的笑容是我熟悉的——轻轻浮在面颊上，拉开了双眼之间的距离，并使眉毛高高向额头飞去——自从我沉重的腹部一空，太阳被助产士"咕"的一声拉出去，我看到她的第一眼起，这样的笑容就没改变过。

我们欢笑着越过下午空荡荡的候机楼大厅，跑向对方，但只有"啪嗒啪嗒"的脚步声，却不好意思发出任何声音，到底有十个月没见面了啊。

"走吧，我们回家。"那男孩高高兴兴拉着我的大绿箱子去停车场，太阳挽着我的小绿包，我倒空着手。第一次被这么照顾，不习惯啊。

难道太阳这就算长大了？长得好快呀。倒让人来不及准备。

"又想什么呢？"太阳推推我。

"想到小时候看过的一本连环画，"我说，"我妈给我买的。故事里有条小金鱼，生了病，身上的鳞都掉了。别人是金色的，彩色的，只有它是灰色的。要治好它的病，非得在有彩虹出现的夏天，跃过彩虹，到另一端去。那条小金鱼，等啊等啊，等到了彩虹，可是跳来跳去，就是跳不高。"

"最后肯定会跳过去的。"太阳说。

"是的。最后跳过去了，小金鱼浑身立刻就长出彩虹般的新鱼鳞。"我说。留在我印象里的，小画书上的彩虹，那可真是漂亮极了。

太阳嘻嘻笑着，将她的照相机递给我："我不光是那条小金鱼，也是造彩虹的，看，我是神。"

她拍了一张自拍像，侧脸，伸着舌头，彩虹从她的舌尖出发，横跨整个天空。一架飞往美国的飞机正在停机坪上，正像那条在小画书里病了的小金鱼。

"你可真不要脸。"我啐太阳。但实际上，我的确是这么想的。

"那是遗传的。"太阳伶牙俐齿，"但是我的心比你大。你小时候一定想当那条金鱼。而我，我口吐彩虹哟。"

我想起有一年，我们在新加坡机场等飞机，看到东南亚夏天的傍晚，雨后青蓝色的美丽天空中灿烂的晚霞。那一年太阳暑假后要升大学三年级了，那年她所有的专业课都是A，说到学校，她就激动，我知道这个孩子真是找到自己的天职所在了。她面向那一天的灿烂晚霞，突然说："现在我真是被我那光芒四射的前途晃花了眼啊。"那时她刚二十岁。

看着一个孩子，你的孩子，从生下来只知道哭，到渐渐成长，找到她生活的意义，确定她生活的方向，懂得为此付出努力，并享受努力的成果，而此时，生活还来不及给她致命的伤痕，这真是一种做母亲的幸福。

"想什么呢？"太阳又推推我。

"想在肯尼迪机场，你背着那只小绿书包，里面放着一张纸，怕你走丢了，被变态狂抓去做人骨拼图。"我说。

八岁到十八岁时的太阳，一直都喜欢动画片里的荷马。在肯尼迪机场，她跟我讨价还价说："我骨头质量又不好咯。我不喝牛奶，骨头长得太小了，又脆来兮。"就像《辛普森一家》里的荷马。辛普森被关在伦敦塔里时，跟英国警察讨价还价，不惜供出远在美国春田镇上的玛姬一样。

太阳听了呵呵地笑，她和所有的半大孩子一样，最喜欢人家告诉她她小时候的事。一边听，一边觉得自己好可爱。超级的自恋啊。

想起来，我们之间有那么多事都与机场联系在一起，好像我们这个家住在机场的候机楼里一样。其实我们平时总是忙忙碌碌，倒是旅行开始了，才真正开放心灵的世界。候机楼和机场酒店，是因为心心相印而深深留在记忆中的。

太阳与我，熟门熟路地拖着行李，上了机场的穿梭巴士，去到机场酒店，登记入住，进到房间里。拉开窗帘，迎面就看见一望无际的天空中，一架飞机正缓缓降落，那正是我们俩第一次长途旅行，在东京的JAL酒店窗前见到的情形。全世界的机场酒店窗前，恐怕都是同样的景色吧。接着，太阳在厕所里发现了会喷热水和热风的马桶盖，那是当年我们俩在大阪的机场酒店过夜时，小时候的太阳最喜欢玩的一样盥洗玩具。"不要用纸头擦了哦！"太阳高兴死了，所有的小孩都不高兴自己擦屁股上的屎吧。虽然太阳后来是那么喜欢画各种各样的大便，在饭桌上说各种各样的大便，每次放了屁，都好像发现新大陆一样自己先闻个透彻。

安顿好自己后，我们俩就出了门。在门口等穿梭巴士去航站楼时，那种只有在机场酒店的门前才会有的巨大的荒凉和孤独，夹着阳光和蓝天直扑过来，和从前一样。

从前我们俩，谁也不愿意说破这种心中总是油然而生的孤独感，那时我们就一起唱歌。

这次也是一样的。

我们唱了《萤火虫》，这是太阳小时候，我们一度最喜欢一起唱的歌。那年夏天我们住在新泽西的小镇上，傍晚时分，草丛里一闪一闪的，全都是萤火虫。学着中国古代的故事情景，我们用手帕做了一个布袋，将萤火虫放进布袋里。又唱了《宁静的夏天》，这是太阳高中时候，我们在芝加哥的奥黑尔国际机场门前，唱得停也停不下来的歌；还唱了《七天》，这是太阳初中时候，我们在圣巴巴拉学会的一支歌，在艾文家。此刻，太阳回家看望父母，艾文也从洛杉矶回到纽约看望母亲。太阳的男朋友已经先回美国了，而艾文的女朋友还与他一起在纽约。1998年的夏天，艾文妈妈在施瓦兹玩具店买了两只短毛绒猴子，一只叫麦克的，给了太阳，另一只叫乔治的，给了艾文。此刻，那两只猴子都分别在这两个长大了的孩子的房间里，但艾文的爸爸已经去世了。

正在唱《糟糕的一天》时，巴士来了，空荡荡的，司机很奇怪地看了我们一眼，我们没有行李，被滞留在机场，看上去却如此适意。我们唱着从前在爱荷华每星期看《美国偶像》比赛时都跟着高唱不已的那支歌，登上巴士，前往航站楼，和从前一样。

因为你这一天很糟糕

情绪才会低落

唱首悲伤的歌

很快就会雨过天晴

你说你茫然不知所措

你告诉我别再伪装

你挤出一个微笑去兜兜风吧

你这一天很糟糕

相机不会说谎

但你会恢复过来的

然后将不快抛诸脑后

你只是过了糟糕的一天

你只是过了糟糕的一天 [1]

　　航站楼在晚上变得安静了，夜班飞机的乘客们突
然都老老实实地坐在自己的椅子上，守着自己的随身行
李。宽阔而安静的航站楼显得有些伤感，就像不小心撞
伤的膝盖，渐渐出现了瘀青那样，那种旅行中能体会到

1　歌词原文：

Cause you had a bad day

You're taking one down

You sing a sad song

Just to turn it around

You say you don't know

You tell me don't lie

You work at a smile and you go for a ride

You had a bad day

The camera don't lie

You're coming back down

And you really don't mind

You had a bad day

You had a bad day

的人生的孤独和漂泊感，在夜晚的航站楼里，就是沉浮着的伤感。我握了握太阳的胳膊，这时候，我能在她身边，和她在一起，我为此感到很庆幸。太阳的皮肤又滑爽，又细腻，让我想起她小时候，我为她洗澡时触摸到的皮肤。那个小孩，曾非常害怕洗头，害怕花洒里的水柱冲刷到脸上。

我们去航站楼里几乎空无一人的日本餐馆分吃了一海碗乌冬面，又去中国馆子分吃了一人份的炸鸡翅和酸辣汤，再去另一家美国快餐店吃了炸洋葱圈和果汁。这算是吃饱了。但还是到便利店里去买了冰锐汽酒和小食，准备带回去，一面看电视，一面在床上吃喝。

在机场过夜，就忍不住害怕吃不饱。从前我们总是因为时差睡不着，在机场酒店过夜，房间里却没有东西吃，或者食物太贵，我们不舍得花钱。被饿过了，就留下了怕。

路过一个一次成像照相亭，我们俩翻了翻身上的零钱，进去挤在一起，照了相，纪念我们这一次又在机场过夜了。

照片立刻就出来了，两寸大小的照片上，我们挤在一起，笑得高高兴兴的，但都还掩盖不住人在机场里，眼睛里怎么也抹不掉的孤独。

我们立刻就在服务台借来剪子，将四格照片剪开，各自拿了一张，放进各自的皮夹子里。在机场，一切都要速战速决，稍一拖延，就各奔东西了。我这才真正地体会到，我和太阳一起旅行的日子已经过去了，她已不再是那个一到机场，就将自己肉乎乎的小手郑重放进我手中的孩子，而是懂得用笑意藏起自己的孤独，与我分清楚照片所属的年轻女士。

是的，多年以来，那些机场的经历，好像不同的相框那样，醒目地框出了太阳已经长大的事实。她十八岁时，站在机场的航班信息牌下面怎么说的？"我一点也不觉得国家是界限，我只知道城市与城市是不同的。最大的不同是食物、时差和风物，而不是语言与人心。"这是个世界主义的孩子，在国际机场频繁起降的航班信息牌下方渐渐成长起来。

那可是长长的、长长的旅途啊。

不想长大

周国平

啾啾两岁的生日，早晨醒来，妈妈告诉她，今天是宝贝的生日，宝贝满两岁了。在为她唱了《生日快乐》之后，妈妈想检验一下她是否知道自己由一岁变为两岁了，便问："宝贝几岁了？"她答："两岁。"立即又发出表示反对的上声"嗯"，说："不是两岁！"妈妈问："三岁？"反对的"嗯"声更响了，一边使劲摇头。"一岁？"她点点头。"还想当小贝贝？"这回是表示赞同的去声"嗯"，表情很坚决。

三岁的时候，妈妈给她讲她以前的事，她听得入迷，说："要是我还那么小就好了。"妈妈说："你还那么小，现在会做的许多事都不会做了。"啾啾对此不置可否，继续说自己的想法："我长到两岁，就觉得一岁特别好，长到三岁，就觉得两岁特别好。"我心中暗惊，岁月因失去而美丽，这样精微的体验，她小小的年纪就领悟到了。

说起以后长大，她的口气常常是有些伤感的。妈妈问："宝贝什么时候变得这么可爱的？"我说："宝贝从生下来就可爱，可爱到现在，还要可爱下去。"她看我一眼，略带遗憾地说："长大了就不可爱了。"然后转身问妈妈："妈妈，到我八岁的时候，你还会记得我特别小的时候的样子吗？"在她的小脑瓜里，八岁已经是长大了吧。妈妈说会的，可是我知道，啾啾的担忧是有道理的。每当我迷醉于她可爱模样的时候，我也总是听见我的心在为眼前的这个模样必将被时光带走而叹息。日子一天天过，孩子似乎无甚变化，有一天蓦然回首，童稚的情景已经永成过去。

办公室里，妈妈在埋头工作，啾啾在另一张桌子前画画。因为保姆休假，妈妈带着她来上班了。她很乖，不去打扰妈妈。在画画时，她不时地抬头看一眼妈妈。画了一会儿，她爬下椅子，走到妈妈身旁，说："妈妈，我觉得你好漂亮。"

妈妈说:"宝贝比妈妈更漂亮。"

她说:"妈妈,我不让你老,你老了就会不漂亮了。"接着问:"外婆年轻的时候是什么样子的?那时候她漂亮吗?"

妈妈心不在焉地回答:"还凑合吧。"

她站着不走,妈妈留意了,抬起头来,问她还想说什么。她说:"我长得像你,你又像你妈妈……"停顿了一下,然后小声说:"我害怕!"

妈妈问:"怕什么?"

她说:"我不愿像外婆。将来我有了宝贝,我也不愿她像你。"

妈妈有点儿吃惊,问:"你这么爱妈妈,你的宝贝像妈妈不好吗?"

她坚定地回答:"不好,她像我就行了。"

啾啾四岁半,一天晚上,在饭桌上,她突然说:"我不想长大。"我悄悄观察她,她的表情是认真的,甚至是痛苦的。我知道讲大道理没有用,就用开玩笑的口气对她说:"那你就缩小吧,再变成一个小贝贝。"她说:"我也不缩小,就现在这样很好。"我说:"你想想,如果你总这样，你周围的小朋友都长大了，上小学了，他们会笑你的。"她语气坚定地说："没有关系。"妈妈插话说："以后妈妈老了，你还这么大，我都抱不动你了。"她闻言立刻放声大哭，喊起来："我不想长大！我也不让你变老！"到这个地步，我和红别无他法，只好答应她："好，宝贝不长大，爸爸妈妈也不变老。"她止哭了。为了逗她高兴，我和她拉钩，她学我反复地说："拉钩拉钩，永远不老。"玩了一会儿，她破涕为笑了。

此后几天，我出差，她和妈妈在家里，她便经常要妈妈为永远不老和她拉钩，走到哪里，拉到哪里。妈妈开车，她坐在副驾驶座上，也伸过手去和妈妈为此拉钩。有一回，拉完了钩，她问妈妈："你说拉钩管用吗？"我出差回来了，她一见我，也急忙问："爸爸，拉钩管不管用？"我说："管用，天上有一个神仙，他看见我们拉钩，他会听我们的。"这句话又让她思考了一些天，仍觉得不十分可信，悄悄问妈妈："你说天上真有神仙看见我们拉钩吗？"

她将信将疑，心里一直在琢磨。也许是受了那天我让她缩小的戏言的启发，她产生了一个新的思路。她对妈妈说："我不喜欢时间这么向前过，我想倒着过。"妈妈问她是什么意思，她说："我不想今天过了是明天，明天过了是后天，我要从最后面过起，一直到后天、明天、今天、昨天，这样我就可以越过越小，最后又可以吃妈妈的奶，又可以回到妈妈的肚子里了。"妈妈说："你回到了我的肚子里，再往后过，你就变没有了，妈妈也变回小姑娘了。"这个推理有点儿出乎她的预料，她想了一会儿，说："我回到了你的肚子里，就停住了，不要再往后过了。"

我心中想：我的宝贝和我太像了，这么早就意识到了岁月的无情和生命的有限，在紧张地寻找一条出路。对于人生宿命的抗拒和接受，抗拒的失败，接受的无奈，这一出古老的悲剧已经在她的小小心灵里拉开序幕。

这些日子里，啾啾格外多愁善感，她变得很爱哭。她从来恋妈妈，现在更恋了，寸步不肯离开。每当妈妈要外出，她就哭，坚决不让。她说："我再也离不开妈妈了，因为我变小了。"

一天夜晚，她背朝妈妈躺着，妈妈以为她睡着了，正想起来去工作，她突然转过身来，紧紧搂住了妈妈。妈妈发现她在流泪，惊慌地问她哪里不舒服。她说："妈妈，要是你很老了，死了，别人会把你埋在地下吗？"马上接着说："你很老了、快死了的时候，你就赶紧回家，死了留在家里,我就可以一直闻你的味儿了。"妈妈说:"人死了会臭的,味儿很难闻。"她说:"我还是喜欢妈妈的味儿。"说完泪如雨下,呜咽不止。

在一再宣布不想长大的同时,啾啾的身体出现了一个异常的情况。她早就学会了控制大小便,可是,在这大约一个来月的时间里,她突然又经常尿床、尿裤子,在幼儿园也如此,老师多次捎话,让我们带她就医。

我的判断是,这个症状很可能源自她的心病,是她潜意识里表示不肯长大的一种方式。不过,也有可能是尿道感染,我们仍决定带她去医院检查。

啾啾对于去医院总是很害怕的。这天下午,我们到幼儿园接了她,她坐在后座上,一听是去医院,马上哭了,嚷道:"直接回家!"妈妈向她解释说,今天去医院只是尿一点儿尿,让医生在显微镜下看一看,尿里面有没有病菌。尿尿可怕吗?她承认不可怕,就平静下来了。化验结果正常,医生认为症状是精神因素所致,正与我的判断相符。

在医院里,我们看见一个一岁多的农村小女孩站在二楼的厅里哭。她有时挪动一小步,不停地哀泣和用手擦眼睛下面,但没有眼泪。至少有半个多小时,无人来领她。肯定是她的母亲遗弃了她，我依稀记得刚才见过一个红衣农村妇女抱着她，就向院方报告，录像证实了这一点。她的嘴唇发紫，大约患有先天心脏病。我们站在那里守了很久，红不停地用餐巾纸给她擦鼻涕，啾啾也不时去抚摩她一下。红抱起她，她不哭了。红差不多动心要把她抱回家了，最后还是理智占了上风。

回到家里，我们仍在谈论这个小女孩。妈妈说："要不是收养手续太麻烦，我真把她带回来了。"啾啾说："她真可怜，以后成孤儿了。"我问："如果带回来，她就是你的妹妹，你喜欢她吗？"她答："喜欢，她挺可爱的。"我说："可是，你现在已经四岁多了，还尿裤，她会笑你这个姐姐的。你想想，同班的小朋友还有没有尿裤的？"她当真想了一会儿，终于举出了一个例子，但承认那个小朋友只是偶尔尿裤。接着她申辩："我不是要像现在这么大，我要回到妈妈怀里吃奶。"意思很清楚：吃奶的孩子可以尿裤。

啾啾要过五岁生日了，早晨一起床，她就宣布："今天是我的生日，你们必须听我的。"接着宣布："我不想办生日。"

当时正值"非典"流行，我们临时住在城郊的住宅里，红觉得她太寂寞了，就和她商量，只请小区里她刚认识的几个小朋友到家里来吃蛋糕，她勉强同意了。没有料到的是，小朋友的妈妈们也都来了，而且在客厅里坐了三个小时仍无去意。已是晚餐时间，红临时决定带大家去餐馆吃饭。我在书房里，忽然听见啾啾的大哭声，到客厅看，只见众人正在朝外走，红拉着啾啾，啾啾一边哭一边奋力抵抗。我抱起啾啾，不客气地说："改日吧，我们答应啾啾不办生日的。"妈妈们带着孩子悻悻地下楼去了。

在我的印象中，啾啾对于过生日从来不热衷，即使生日那天玩得快乐，隐隐中仍有一种抵触。这一次的生日，她是公开抵制，也许再加上客不投缘的因素，就大大地发作了一场。

生日后不久，一个朋友来家里，看见啾啾，问她几岁了，她答五岁。然后，我看见她站在那里若有所思，自语道："我觉得四岁太快了，刚到四岁，就五岁了。"我顿时明白，这些日子她一直沉浸在岁月易逝的忧愁中。

上小学后，她好像把这种情绪克制起来了，但偶尔仍有流露。一个星期五的早晨，看她为上学而早起，我觉得心疼，就对她说："宝贝，明天又是周末了，可以不上学了，我为你高兴。"不料她神色黯然地说："我不喜欢。"说着眼睛红了。我问为什么，她答："过得太快了，我不想长大。"

不想长大已经成为啾啾的一个相当严重的心理症结。她是一个聪明的孩子，不愿意陷在痛苦的情绪之中，自己在思考，试图找到一种能够说服自己的道理。

她问我："你说，人会长大好，还是不会长大好？"

我答："各有好处，也各有坏处。"

她表示赞同，马上谈不长大的坏处："还是那么小，却满面皱纹……"

我说："不长大就总是小孩的样子，不会满面皱纹的。"

她问："也不会死？"

我点头。她动心了。我说："可是也没有亲人了，因为亲人都会死。"

她提出异议，说："亲人会有后代呀，所以仍有亲人。"

我承认她说得对，就换一个角度说："爸爸已经长大了，知道长大了能够经历许多有意思的事，比如会有自己的小贝贝。你不长大，就永远不能有自己的小贝贝了。"

这个理由很有力量，因为她一直觉得有小贝贝是一件有意思的事。愣了一会儿，她说："其实长大也可以，但不要老，我就是不想老。"

我说："我也不想老。"

她说："最好是又长大，又不会老。爸爸，你说有什么办法吗？"

我说："从古代开始，有许多人在找这个办法，好像都没有找到。"

她叹了一口气，不说话了。

韶光流逝，人生易老，人们往往以为只有成年人才会有这样的惆怅，其实不然。我们总是低估孩子的心灵。我自己的幼时记忆，我的女儿的幼时表现，都证明一个人在生命早期就可能为岁月匆匆而悲伤，为生死大限而哀痛。不要说因为我是哲学家，我小时候哪里知道将来会以哲学为业。不要说因为啾啾是哲学家的女儿，她的苦恼与哲学理论哪里有半点关系。我要再三强调：孩子的心灵比我们所认为的细腻得多，敏锐得多，我们千万不要低估。

那么，当孩子对我们表露了这种大人也不堪承受的生命忧惧，提出了这种大人也不能解决的人生难题，我们怎么办？

首先，我们要留心，要倾听，让孩子感到，我们对他的苦恼是了解和关切的。如果家长听而不闻，置之不理，麻木不仁，孩子就会把苦恼埋在心底，深感孤独无助。

其次，要鼓励孩子，让他知道，他想的问题是重要的、有价值的，他能够想这样的问题证明他聪明、会动脑子。有一些愚蠢的家长，一听见孩子提关于死亡的问题就大惊小怪，慌忙制止，仿佛孩子做了错事。这种家长自己一定是恐惧死亡和逃避思考的，于是做出了本能的反应。他们这样反应，会把恐惧情绪传染给孩子，很可能从此就把孩子圈在如同他们一样的蒙昧境界中了。

最后，要以平等、谦虚的态度和孩子进行讨论，不知为不知，切忌用一个平庸的答案来把问题取消。你不妨提一些可供他参考的观点，但一定不要做结论。我经常听到，当孩子对死亡表示困惑时，大人就给他讲一些大道理，什么有生必有死呀，人不死地球就装不下了呀，我听了心中就愤怒，因为他们居然认为用这些生物学、物理学的简单道理就可以打发掉孩子灵魂中的困惑，尤其是他们居然认为孩子灵魂中如此有价值的困惑应该被打发掉！

其实，一切重大的哲学问题，比如生死问题，都是没有终极答案的，更不可能有所谓标准答案。这样的问题要想一辈子，想本身就会有收获，本身就是觉悟和修炼的过程。孩子一旦开始想这类问题，你不要急于让孩子想通，事实上也不可能做到。宁可让他知道，你也还没有想通呢，想不通是正常的，咱们一起慢慢想吧。让孩子从小对人生最重大也最令人困惑的问题保持勇于面对的和开放的心态，这肯定有百利而无一弊，有助于在他的灵魂中生长起一种根本的诚实。孩子心灵中的忧伤，头脑中的困惑，只要大人能以自然的态度对待，善于引导，而不是去压抑和扭曲它们，都会是精神的种子，日后忧伤必将开出艺术的花朵，困惑必将结出智慧的果实，对此我深信不疑。

感觉让儿童发现自己的内在世界

孙瑞雪

对于成人来说，感觉就是用全身心来拥抱生命。对于儿童来说，感觉就是他的生命本身，感觉就是生命的发现。儿童依靠感觉让自己全部的生命"发现"新的现象和创造从未有的自己。这与我们用眼睛看见有本质的差别，我们常常是看见了，但并没有发现。

发现总是带着情绪的喜悦或是痛苦而来。

一个三岁的小女孩正大张着嘴，惊恐地哭着，泪流满面。老师专注地蹲在她的面前，用棉签在她的嘴里拨动着……我驻足问："发生了什么事？"

老师说："肉卡在了牙缝里。"

我问："用棉签行吗？应该用牙签！"

老师依然专注地在孩子的嘴里拨弄着："没找到牙

签!"孩子一听更加惊恐地看着我，眼泪哗哗地流着。

我坐在她的身边感受她，停顿了一会儿，我对她说："肉卡在了牙缝里，没有受伤，不会有危险。"

她还在大哭，但身体已经放松了许多。

停顿了一会儿，我又说："肉卡在了牙缝里，有异样的感觉，所以害怕了。"

她还是哭，但没有了惊恐。

停顿了一会儿，我又说："肉卡在了牙缝里，只是异样的感觉，你没有受伤！不用害怕！"

她依然大哭。

停顿了一会儿，我接着说："肉卡在了牙缝里，吓了你一大跳。"

这时，老师突然惊喜地说："桌上有牙签，我找到了。"孩子把嘴张得更大了，她边哭边期待着。

一位家长走到门前，问："怎么了？"我回答说："肉卡在了牙缝里。"然后我们会意地笑了。老师终于把牙缝里的肉剔出来了，孩子愉悦地跑出办公室，喊着"肉丝卡在牙缝里了"，便去和其他孩子分享这惊奇的体验了。

"停顿一会儿"是为了不打扰、不伤害孩子内在感觉的过程、心理的过程和思维的过程。

牙缝里有了异物，就第一次有了生命中这种身体上的奇异感觉。这奇特的感觉让小女孩产生了恐惧的情绪。对于这个小生命来说，这便是一件惊天动地的重大事件。嘴里异样的感觉，这感觉从未出现过，这是一种全然的未知，因此小女孩在心理上就难以承受了。把心理上的难以承受通过哭流淌出去，心理空间被哭拉大了，奇异的感觉也就被接纳进来。

　　这里伴随着一个心理过程，所以感觉、情绪、心理同时支持着孩子。如果没有充分的感觉，没有情绪流动的支持，心理活动就不会显化。而如果心理活动不显化，孩子就无法接纳发生的事情，他的感觉也就不会被上升到认知。

　　惊心动魄之后便是喜悦和平静，感觉帮助孩子在心理层面上提升了。下次再遇到类似的身体感觉，甚至更高一层的感觉时，心理便有了承受力，也会有清晰和相对客观的认识和判断，因此他自然就能够淡然处之了。感觉就这样一个接一个地发现着秘密，成长就这样一个心理层面接一个心理层面地不断上升！

　　牙齿被卡，一种没有预料的感受突然来访了。第一次突如其来的感觉，带来了情绪的惊恐。儿童在不断得到这种偶遇的成长机会。

感觉在每个人的内在世界里开辟着一个接一个的新大陆，但环绕孩子的依然是无边无际的大海……你不知未知的世界究竟有多大，你可以永无止境地探索下去。这叫用感觉探索。

剥夺儿童的感觉，并采用"教"的模式，就等于把孩子先放进去，让他在规定的范围内学习，这叫画地为牢。

那一年，美国迪士尼一百周年的纪念演出在北京举行，舞台是体育场里的一个滑冰场。我坐在座位上，发现周围几乎全是父母带着孩子来看演出的。

演出开始了，云雾层层涌来。一个手持魔棒的仙女滑翔而出，激荡人心的音乐响起，仙女在滑冰场滑翔旋转。一个美妙的女音响起："你有梦想吗？拥有梦想，梦想就能成真。"一切都在仙女的滑翔和手中魔棒的指点下成真。所有的观众都在这种美妙中屏气凝神，人们的情绪和感觉被仙女带入一种精神的情境中。

……

但这感觉有时就被打扰了。

我的身后坐着一位妈妈，她旁边坐着的是她大约九岁大的儿子。妈妈开始了她的认知教育："一位仙女出来了。"

她说："她用魔棒变出了什么？"

她说："你能认出来吗？这是匹诺曹。"

她说："这个是什么？白雪公主。"

她说："认出来了吗？这是阿拉丁。"

她说："小时候你看过的，这应该是灰姑娘。"

……

此时此刻，感觉和情绪带领着人的内在，接受着舞台上精神的频频召唤，把观众的精神一个个引导出来，然后再用精神的光辉去回照舞台。精神的频频映现和对流，把人们带进精神生活的精彩世界。

在这当下，认知是多余的。人物和剧情，这些所谓的知识其实只是审美的道具。人是审美的主体，而不是装载知识的容器。

妈妈的做法打扰了孩子的感觉。如果孩子的这种感觉常被打扰，他的感觉、情绪、心灵的系统就会受到破坏，实际认知的系统也不会成长得很好，成长就会出现一个极大的缺失。这相当于孩子的认知出现障碍一样，实际的情况可能更为严重。

今天，太多的成人就这样充满善意地把孩子生命中珍贵的东西拿走、扔掉了。

我大学同学曾经赞叹另一位同学读过那么多小说，并对他有景仰之意。问这一本，读过；那一本，也读过。他看书看一页比我们看一行还快。原来小说还能这样看。不是意境，不是感觉，不是精神，不是人性，不是典型的和特别的生活风格、情态、状态、样式及其中的情绪、感受和味道，而是作品的名字、作者的名字、所谓的时代背景、作品的地位、作品中人物的名字和故事情节、展示的所谓历史、作品表达的思想性和批判性，这些像《百家姓》一样可以硬背记熟的东西。原来，这叫"知识"。

只要我们让自己的意识从某种蒙昧的状态走出来，即使没有什么理论的支持，仅凭对生命的尊重，我们也可以发现生命需求的迹象。凭借对幼儿生命的观察，也会发现这种教导式的教育模式是对人的生命成长的一种损伤。审美感觉就这样被我们的文化长久地忽略着，而这又延误了成千上万个儿童的成长。

正像伏尔泰对人发出的感慨："发现哪怕一点点人的自身结构竟需要三十个世纪。了解一点人心灵的东西则需要无限的岁月。然而，一瞬间就足以置他于死地。"

四位十一二岁的孩子随同一位妈妈一起去听音乐会。那是一场由五人演奏的管乐协奏室内音乐会。中场休息时，其中一个孩子看起来非常痛苦，他忍耐不住了，坚持要走。

为什么呢？

孩子说："太乱了！"

什么太乱了？

孩子说："他们一边演奏一边胡思乱想，发出的声音太乱了！"

凭什么这样判断？

孩子说："凭感觉！"

其他孩子呢？

一个说："他们是注意力不集中，不过他们没有办法，他们也不想这样。"

其他孩子首肯。

肉塞在牙缝里、走路摔了一跤……这些基本的感觉完成之后，儿童就可以通过基本的感觉产生更深层的感觉，感觉到储存在生命深处的内容。这些不像基本感觉一样是必然发生的，这种内在的感觉一定是在基本感觉比较完善之后，才会逐渐地被儿童发展出来或者创造出来。

当我们迈过我们的幼年、少年、青年，走向我们的成年，我们已经不再有"牙缝里有异物"这样最基础的身体感受了，也不会再对这个"异样的感觉"产生痛苦、惊恐、诧异、喜悦和惊喜。基本的感觉已经趋于我们形成的基本的成熟，其他感觉如心理的感觉、情感的感觉、精神的感觉、心灵的感觉会像生命之花一样开放，这正是儿童的又一个生命特征。

在改变自己生命的状态上，感觉对于成人来说，如同对于儿童一样重要。因为只有感觉，改变才有可能发生。感觉的核心价值在于，感觉可以起始和转化，它是真正的学习工具。

一位爸爸总是打骂孩子，孩子四岁了，大人一说话，孩子就紧张得不知所措。孩子一放松，就总打其他孩子。解决的办法只能是父亲停止打骂孩子。

父亲说："我爱我的孩子，但是一到那个时候，我就控制不住了。不打不骂，他不听话，我急！又不知道怎么办。"

爱孩子，行为的反应却是经常打孩子。头脑想的和实际做的正好相反。

打骂的做法已经深深地内化在血液里，变成了临场行为必然的、不可控制的反应。这肯定又是童年的经历造成的。

父亲说："小时候，我妈把我夹在腿里打，她打不动的时候才会住手。我不能打她。上学的路上，我看哪个同学不顺眼，我就打谁，比我妈打得还要狠。"

父亲说："我没有妈妈爱我的感受，我不知道怎么爱。"

没有爱的感觉是无法爱的，学会爱也必然是从感觉开始的。长时间的感觉就像血液和细胞被替换了一样，就变成了你自己。无论你是成人还是孩子，对自己生命的改变必须从感觉开始。只是认识到了，改变依然不会成为可能。所以，你可以想象，说教真的能改变人吗？每个人在说教时都想尽可能地说得好，以为那将改变很多人的命运，但只有触动了感觉，变化才有动力。

被打、被愤怒地对待，这是一种情绪，同时也是一种感觉，在这样的氛围和惯常的感觉中生活，也就会将这种感觉肉体化、内化，就成为你，你的自然反应就是打和愤怒。

我相信一切暴力最根本上都始于家庭。我也相信，只要家庭暴力没有了，这世界就和平了。

我们正在学习怎样爱孩子。孩子是父母寻找爱的感觉的对象，父母透过孩子对爱的感觉的反馈产生如何爱孩子的动力。

你没有经历爱的感觉，而现在要开始学习爱，你会面临大量相似的问题：面对孩子时很无措，遇到问题时会慌乱，对如何爱孩子还没有判断力而感到烦乱，第一次尝试爱和规则，被孩子控制，要讨好孩子，因为学习而感到辛苦和焦虑，因为从未有过的体验和对爱的结果的不知而感到害怕，因为仍在学习而不能持久，因为不断地要和自己成长的负面经验斗争而感到无力和能量不足，因为全新的爱孩子的观念而遭到家庭其他成员的反对……因为突然从自己已有的习性中跳出而喜悦和惊恐，因为爱孩子而拥有了勇气，因为自己内在的童年创伤而渴望得到改变，因为内心深处有对新生活的渴望……

突然间，这个感觉的过程，就成为千百万个父母的成长——"我不是要这样思考，我是要这样生活！"

我要把对孩子的反应变成一种爱的反应，这就是爱的学习。必须从感觉开始，然后再回到感觉中，这就是感觉学习。

由于成人丧失了太多的感觉，所以容易形成一种惯性，比如不自觉地躲避内在发生的痛苦的、孤独的、愤怒的、幸福的各种感觉，他们不再发现生活，也就不再创造生活了。他们在童年未创造出自己感觉的那一部分，所以现有的某些东西似乎就被固化了、合理化了。甚至，当幸福和喜悦到来时，我们的头脑明知道那是正向的东西，但依然会感觉到恐惧。因为那种感觉超出了我们惯常的感受，那是异样的感觉，我们已经无法像孩子那样接纳了。

一种甜美的幸福却是异样的感觉？那是害怕和不敢接纳爱！

我们必须先从模仿做起，我们先模仿着爱孩子，它可能看上去真实性不够强，但我们已经开始这样做了。另外，我们必须从改变我们的语言系统开始，把"你怎么又这样"改变为"妈妈很爱你，但是这个事情不能这样做"，然后教给孩子正确的方式。语言一改变，语言所传达的能量就变了，情景也就变了，新的感觉就产生了。还有，我们需要把我们跟孩子在一起的速度放慢，让自己作为一个观察者而存在。同时也作为一个感觉者而存在。当我们尝试着去感觉孩子的时候，我们就知道他们怎么了，然后再依此做出决定。这几条是我们改变的一个开始。最后，我们还有一个支持我们的人和天然的让我们学习爱的人，那就是我们的孩子。如果孩子会表达的话，他会说："爸爸妈妈，我来陪伴你们成长。"

对安徒生的《丑小鸭》，孩子们这样问："为什么因为丑小鸭的羽毛是灰色的，和别人不一样，就是丑的呢？""什么才是丑和美？"这是孩子们提出的问题。实际上，对成人来说，内在的异样的感觉是不容易被自己接纳的，是容易被自己视为丑的。但对于儿童来说，那似乎是一个创造自己的新信号，儿童会感到好奇，产生兴趣，并乐此不疲地拥抱它，用它来建构自己。这是何等的不同呀！

当成人对生命失去感觉时，他的生命就无法改变和发展了。当成人对事物失去感觉时，新世界的大门就对他关闭了。他只能以模式化的状态来生存。

一次，我问一位新老师和孩子相处了三个月的感想，她说："我发现了我自己。"

她告诉我，一天她站在院子里，突然一个孩子跑过来，从后面抱住她的双腿，然后把头伸到前面，快活地仰着脸对她说："我爱你！"那话语里充满了爱。她突然被孩子这样纯然的爱和完全的敞开冲击到了内心的最深处，她感动着，眼眶湿润了，不知该如何回答。须臾，她内在产生了一种涌动，使她想说："我也爱你！"但她没有说出来，她对我说："我说不出口，我感到尴尬，不好意思。因为没有人这样对我说过，一点儿都不习惯。"她内在的感动涌出的同时，也搅动了她成长所积淀下来的习性，她不知道该怎么办。但是，孩子却一直扬着脸，依然完全地、敞开地、坦然地、充满爱意地看着她，这种爱的延续和流淌使她终于结结巴巴地说："我、我也爱你。"孩子便转身跑开了。

她站在院子里回味并不断感觉着这段内心的历程，孩子的爱一下把她拉回到了自己的内在，触动了她最本质的东西。在这种触动下，她打破了自己成长历程中固有的模式，这一打破使她超越出来。虽然这个打破只是一个开始，但足以给这位年轻老师带来喜悦，她对自己充满了信心。她说："我也说了，虽然没有孩子那么自然，但是我说出了口，这感觉真好！"

听到有人对你说"我爱你"的感觉是这世界上最好的感觉，这是孩子的感觉；对喜欢的人说"我爱你"的感觉也是这世界上最好的感觉，这是成熟的人的感觉。爱的感觉开启了生命内在的变化。成人的变化也是从爱的感觉开始的。

这位老师的感受，几乎是每一位新老师的感受，她们几乎都在说类似事情的感觉，这些感觉使她们一下子从原有的生活、思维方式和生活惯性中醒悟过来。那新的感觉让人喜悦和惊奇，生命打开了，生命流动了。

或许年轻人更容易被触动，他们的美好可能就在于他们更容易感觉到爱和美好。长久地和孩子待在一起，我们发现，儿童对爱和美好的感觉更为敏感。如果我们放下自己，和孩子同感、同长，我们的改变就会一点点开始。

这是一次有意义的开始，孩子的爱开启了老师的感觉，这感觉又进一步让老师发现了自己的内在。就好像我们发现内在有一块领域，然后向这个领域迈了一小步。有了感觉，就发现了这些，当然其后还需要心理的过程和认知的过程，最后升华到精神。生活从此就变了，人也开始有了一种创造新生活的愿望。常这样，生命就改变了。

"我发现了我自己"，因为我发现了"我"，"我"可以享受这种感觉，"我"也可以让别人享受这种感觉。这个内容的意义在于，我因为某个感觉，闯入了我的内在，生命一下就鲜活了，这感觉使我愉悦。我启发了我，我开始爱我自己了。

摘自《完整的成长：儿童生命的自我创造》

给我的孩子们

丰子恺

　　我的孩子们！我憧憬于你们的生活，每天不止一次！我想委曲地说出来，使你们自己晓得。可惜到你们懂得我的话的意思的时候，你们将不复是可以使我憧憬的人了。这是何等可悲哀的事啊！

　　瞻瞻！你尤其可佩服。你是身心全部公开的真人。你什么事体都像拼命地用全副精力去对付。小小的失意，像花生米翻落地了，自己嚼了舌头了，小猫不肯吃糕了，你都要哭得嘴唇翻白，昏去一两分钟。外婆去普陀烧香买回来给你的泥人，你何等鞠躬尽瘁地抱他、喂他；有一天你自己失手把他打破了，你的号哭的悲哀，比大人们的破产、失恋、broken heart（心碎）、丧考妣、全军覆没的悲哀都要真切。两把芭蕉扇做的脚踏车，麻雀牌堆成的火车、汽车，你何等认真地看待，挺直了嗓子叫"汪——""咕咕咕……"来代替汽笛。宝姐姐讲故事给你听，说到"月亮姐姐挂下一只篮来，宝姐姐坐在篮里吊了上去，瞻瞻在下面看"的时候，你何等激昂地同她争，说："瞻瞻要上去，宝姐姐在下面看！"甚至哭到漫姑面前去求审判。我每次剃了头，你真心地疑我变了和尚，好几时不要我抱。最是今年夏天，你坐在我膝上发现了我腋下的长毛，当作黄鼠狼的时候，你何等伤心，你立刻从我身上爬下去，起初眼瞪瞪地对我端详，继而大失所望地号哭，看看，哭哭，如同对被判定了死罪的亲友一样。你要我抱你到车站里去，多多益善地要买香蕉，满满地擒了两手回来，回到门口时你已经熟睡在我的肩上，手里的香蕉不知落在哪里去了。这是何等可佩服的真率、自然，与热情！大人间的所谓"沉默""含蓄""深刻"的美德，比起你来，全是不自然的、病的、伪的！

你们每天做火车、做汽车、办酒、请菩萨、堆六面画、唱歌，全是自动的，创造创作的生活。大人们的呼号"归自然""生活的艺术化""劳动的艺术化"在你们面前真是出丑得很了！依样画几笔画、写几篇文的人被称为艺术家、创作家，对你们更要愧死！

你们的创作力，比大人真是强盛得多哩：瞻瞻！你的身体不及椅子的一半，却常常要搬动它，与它一同翻倒在地上；你又要把一杯茶横转来藏在抽斗里，要皮球停在壁上，要拉住火车的尾巴，要月亮出来，要天停止下雨。在这等小小的事件中，明明表示着你们的小弱的体力与智力不足以应付强盛的创作欲、表现欲的驱使，因而遭逢失败。然而你们是不受大自然支配、不受人类社会束缚的创造者，所以你们遭逢失败，例如火车尾巴拉不住，月亮呼不出来的时候，你们决不承认是事实的不可能，总以为是爹爹妈妈不肯帮你们办到，同不许你们弄自鸣钟同例，所以愤愤地哭了，你们的世界何等广大！

你们一定想：终天无聊地伏在案上弄笔的爸爸，终天闷闷地坐在窗下弄引线的妈妈，是何等无气性的奇怪动物！你们所视为奇怪动物的我与你们的母亲，有时确实难为了你们，摧残了你们，回想起来，真是不安心得很！

阿宝！有一晚你拿软软的新鞋子，和自己脚上脱下来的鞋子，给凳子的脚穿了，划袜立在地上，得意地叫"阿宝两只脚，凳子四只脚"，你们的母亲喊着："龌龊了袜子！"立刻擒你到藤榻上，动手毁坏你的创作。当你蹲在榻上注视你母亲动手毁坏的时候，你的小心里一定感到

"母亲这种人，是何等煞风景而野蛮"吧！

瞻瞻！有一天开明书店送了几册新出版的毛边的《音乐入门》来。我用小刀把书页一张一张地裁开来，你侧着头，站在桌边默默地看。后来我从学校回来，你已经在我的书架上拿了一本连史纸印的中国装的《楚辞》，把它裁破了十几页，得意地对我说："爸爸！瞻瞻也会裁了！"瞻瞻！这在你原是何等成功的欢喜，何等得意的作品！却被我一个惊骇的"哼"字喊得你哭了。那时候你也一定抱怨"爸爸何等不明"吧！

软软！你常常要弄我的长锋羊毫，我看见了总是无情地夺脱你。现在你一定轻视我，想道："你终于要我画你的画集的封面！"

最不安心的，是有时我还要拉一个你们所最怕的陆露沙医生来，教他用他的大手来摸你们的肚子，甚至用刀来在你们臂上割几下，还教妈妈和漫姑擒住了你们的手脚，捏住了你们的鼻子，把很苦的水灌到你们的嘴里去。这在你们一定认为是太无人道的野蛮举动吧！

孩子们！你们果真抱怨我，我倒欢喜；到你们的抱怨变为感激的时候，我的悲哀来了！

我在世间，永没有逢到像你们一样出肺肝相示的人。世间的人群结合，永没有像你们样的彻底的真实而纯洁。最是我到上海去干了无聊的所谓"事"回来，或者去同不相干的人们做了叫作"上课"的一种把戏回来，你们在门口或车站旁等我的时候，我心中何等惭愧而又喜！惭愧我为什么去做这等无聊的事，欢喜我又得暂时放怀一切地加入你们真生活的团体。

但是，你们的黄金时代有限，现实终于要暴露的。这是我经验过来的情形，也是大人们谁也经验过的情形。我眼看见儿时的伴侣中的英雄、好汉，一个个退缩、顺从、妥协、屈服起来，到像绵羊的地步。我自己也是如此。"后之视今，亦犹今之视昔"，你们不久也要走这条路呢！

我的孩子们！憧憬于你们的生活的我，痴心要为你们永远挽留这黄金时代在这册子里。然这真不过像"蜘蛛网落花"，略微保留一点春的痕迹而已。且到你们懂得我这片心情的时候，你们早已不是这样的人，我的画在世间已无可印证了！这是何等可悲哀的事啊！

小红象[1]

鲁迅

小红，小象，小红象。

小象，小红，小象红。

小象，小红，小红象。

小红，小象，小红红。

1　这首催眠曲是鲁迅为哄儿子睡觉而作。"小红象"为鲁迅之子周海婴小名。鲁迅有一外号为"白象"，而刚出生的周海婴皮肤是红红的，所以便叫他小红象。

我希望他不要成为一名作家

[日]三岛由纪夫 | 吴艳 译

　　自去年长子出生后，我便时常思虑他的未来，内心会感到惴惴不安。女儿尚好，迟早要嫁作人妇。如幸遇良人，便顺从其夫，从旁辅助其事业。因此，女儿的未来尚有借恃未知外力的种种可能。

　　然而，一个男孩子，生为作家之子，身处这种特殊的家庭环境中，要教导他懂得何为"社会"，便成了一个问题。大体上，从事"作家"这个职业的人在日本仅属于少数，在这种特殊条件下莫名生出的烦恼便极为缺乏普遍性，所以本不适宜在这里公开地抱怨，但还望诸位能出于共通之"可怜天下父母心"，予以谅解。

　　未满四岁的长女常常会发问："为什么爸爸不去公司上班呢？"她对此已经开始感到疑惑了。"父亲在家工作"，这样的家庭，在孩子的世界里已被视为例外了。

不仅如此，我习惯在深更半夜里工作，早晨上床睡觉，过了正午才起床吃早饭，这是我多年保持的习惯。我选择精神最容易集中的时间段来工作，自然而然就形成了这样的作息方式。起床后，接待访客、接听电话，这类事务基本处理完毕后，我便出门参加聚会、运动锻炼或做些戏剧工作之类。然后，直到孩子们酣睡后才回到家中。

在孩子的眼里，这样会显得非常奇怪吧。在他们长大成人理解父亲的工作性质之前，这种奇怪的印象便会根深蒂固。我想小偷的家庭也一定如此。

随着儿子不断成长，他理应将目光投向外界更广阔的社会中去。而家中有个整日闷在书房里的父亲，这种不外向的形象会阻碍他视野的开阔。原本作为一个父亲，应该每天早上走出门去，走向外面的社会。这个社会好比深不可测的大海，那是一片广阔的、充满活力的、尚不允许小孩子踏入的世界。孩子注视着父亲驾着船在大海里渐行渐远，直到帆影逐渐消失不见……当夜幕降临，渔歌唱晚，父亲满载而归。然而家里没有鱼塘，父亲待在家里却能钓到鱼，在孩子想来，这无论如何都是很奇怪的事。

再长大一些，父亲的生活与父亲在现实社会中不稳定的地位，儿子恐怕会对这两者间微妙的失衡感到困惑吧。虽说小说家的社会地位提高了，收入也有所增加，但这毕竟是无法传给后代的事业。待死后，只有作品留给社会，如果是知名作家，最多就是将作品的残余价值——金钱（本质上，那与作品本身毫无关系），留给子孙。绝不可能像实业家那样，让后代继承家业；也无法像社会上的普通人那样，留给子孙可以沾亲带故、泽被后世的"情面"，或者师徒情谊、上下级之类的裙带关系。作家只靠作品决一胜负，在文坛，"情面"是不管用的，只能自力更生。因此，作家的社会地位只是看上去有所提高，实质仍是有名无实的。另外，作家生前，生活大多都是奢侈浮华的，为了补偿高强度的精神劳动，会比一般人更加追求消遣享受，而看上去是游戏玩乐的东西全都在无意中成为素材运用到了作品当中。但是，如果自己儿子没出息，只看到父亲表面的生活，并且以为自己与那些同样奢侈，但其实财产地位远比自家稳定的实业家的儿子一样，那他便会自欺欺人地贪图享乐吧。他也绝不会想到自己搭乘的是一艘明天就可能沉没的泥船吧。

如果站在父亲的角度考虑儿子的未来，我只希望他无论如何也不要成为一名作家。无论世间的喝彩令人有怎样的愉悦，我也不想让他选择这一如表演杂技走钢丝般危险的职业。这一职业表面看上去似乎很不错，但只有作家知晓其真正的危险性，而看不出其中危险的人也没有资格当作家。

另一方面，作为父亲，我也有我的偏见。这也是艺术家共有的偏见——容易过高评价世间最平凡的幸福——即便生活困苦、没有出人头地，但作为一个健康的普通人能够享受家庭生活的幸福，简简单单地度过一生。艺术家偏向于对这样的人生倾注过多的梦想。与艺术无缘的朴素平凡的幸福可能被他们过分地理想化了。

尽管我幻想着儿子将来也能得到最平凡的幸福，但他自然会有他自身独特的个性。如果他知道父亲不想自己成为作家，反而会出于逆反心理偏要当个作家也说不定（至于防止这种事情发生的办法，我只能想到应该强烈建议他"当个作家"）。而且，他如果知道父亲渴望平凡的普通人的幸福，也许会嘲笑这种梦想太过简单平庸吧。这世上没有人能够知足常乐，正因此，社会才得以形成和发展。

实际上，倘若人只有在朝着目标努力的过程中才能获得幸福感，即使那是个虚无缥缈的目标，那么只要不是个过分游手好闲的儿子，他也必定会选择通过学校的学习和考试，参与到残酷的生存竞争当中去。其结果就是长成一副脑袋硕大又面色苍白的样子，这是作为父亲最担心的。现代社会最有效的能力就是智力，这是理所当然的道理。智力、意志力，再加上体力，具备这三者，无论在哪个领域都能如虎添翼。但是，要想均衡发展这三者，有多么的困难，作为父亲，我自身是深有体会的。

就算长个大脑袋，只要能有出息，作为父亲也就满足了。但令人担心的是，身为作家的儿子，对于社会，对于人，他会不会受到父亲的不良影响，成长为一个冷嘲热讽、超凡脱俗的年轻人。父亲身为作家，如此也就罢了，若是社会上的一般人拥有这种世界观就很麻烦了。在各种意义上，我都无法成为儿子的好榜样。不同于父亲在书房里纸上谈兵，儿子必须一个人在社会中生活。而他若是被父亲的只言片语所影响，去逃避那些来自社会的种种烦恼，养成这样的态度面对社会就糟糕了。做父亲的虽然害怕儿子变成放荡子弟，但更为担心的是他成为精神上的浪子。

虽说现代社会的至高能力是智力，但支撑智力的基础，毫无疑问就是健康。一个人无论多么有天分，如果体弱多病，那也是百无一用。此外，身为男子汉，仅仅健康显然还不够，体力是必须具备的。要想拥有身为男人的自觉意识，还需要肉体上的勇气。这也是我自己经过常年思考得出的结论。一个男人，无论从事什么职业，都要有强壮的体魄与力量的自信。因为这个社会并不只是由聪明的精英阶层组成的，面对无知的人，要证明自己的优越，只有依靠肉体的力量和勇气。我的父亲与祖父都不擅长运动，我自己也没有得到过他们的亲自指导，所以我想至少在这一方面，能给予自己的儿子微不足道的馈赠，那就是等儿子长到了适当的年纪，我想亲自教他学习剑道。

这也是因为艺术家的家庭虽然充满着知性、情感，也能让孩子见多识广，但这种氛围并不适合培养男子汉气概。为此，为了儿子我必须弥补这一缺陷。

我有一个原则，那就是无论记者如何请求，我也不会让他们拍摄家人的照片，尤其是孩子们的照片。如果孩子在杂志上看到自己的照片被刊出，就会被刺激出特有的虚荣心，明明没有任何内涵，却以为自己是某种特殊的人。这种影响不断累积，可能会产生不可估量的后果吧。尤其会误导儿子关于社会这一观念的形成。我一向将孩子视为完全拥有独立人格的人来看待，因此从尊重其人格的角度，我也不愿意把他们当作新闻卖点，或让他们成为别人茶余饭后的谈资。

作家的工作场所和家互为一体，导致的另一个难题就是，孩子往往容易被访客们的恭维话给宠坏了。不仅仅是被宠坏，孩子在这种环境中娇生惯养，会让他们在面对那些有家庭、有地位的客人时，也产生错误的印象。他不会察觉到这些客人只是为了工作才甘愿忍受小孩子那些调皮的恶作剧。如果对此放任不管的话，不知不觉中，他会认为冷酷的社会也像甜蜜的糖果一般，最终吃亏的还是他自己。

思前想后，我并未能给儿子提供一个适宜教育的环境，对此我必须向儿子表达我的歉疚。但总是杞人忧天也无济于事，未来终究还是要靠他自身的能力和意志成就。他既然是我的儿子，应该不会为了一点小事就气馁、偏激或一蹶不振吧。至少，这点自信我还是有的。

再认真观察一下她的眼睛

[苏]B. A. 苏霍姆林斯基 | 马琳 译

　　我始终认为，教育的一个最重要的任务就是让孩子们学会用心灵感知世界，用心灵了解周围的人——不仅是自己的亲朋好友，还包括人生道路上遇到的每一个人。教孩子们感受所遇之人的内心状况是沉重还是悲痛，是最为细腻的教育技能。我想分享一下自己的经验，谈一谈教师该如何培养自己的这种技能，如何培养学生的情感素养，以及如何使这种素养成为彼此友善相待的根基。

　　春天来了。校园旁边是一个甜菜种植场，平日有很多农妇在田间干活。每天清晨，当太阳在地平线露出红彤彤的面庞时，妇人们就已经陆续来田间劳作了。一年级的孩子们也在这时来到学校的花园里。蓝天白云之下有一间由茂密的葡萄藤搭成的天然教室，浓密的葡萄叶子将炙热的阳光遮挡住了。这就是我们的"美之坊"，我们经常在这里欣赏日出。干活的妇人们经常从我们身旁两三米远的地方经过，我们能看见她们，不仅能看清她们的面容和眼睛，如果屏息静坐，甚至还能听到她们的呼吸声。她们却看不见我们。我引导孩子们去观察：仔细看看妇人们的眼睛，尝试去感受、体会每个人的内心状况是安详宁静，还是乌云密布。

　　每天我们都会见到这些姑娘和妇人，其中有一位是两个孩子的母亲，有着蓝蓝的眼睛、浅褐色的头发、粗粗的大辫子。我们已经习惯见她哼着歌去上工。她也时常在小山丘上驻足，望望蔚蓝色的天空，听听百灵鸟的歌唱，脸上洋溢着幸福的微笑。"她对生活满怀热爱，她很幸福。"我对孩子们说。看到别人幸福满满的样子，我们大家也都由衷地开心。另一位妇人每次拐到那条田间小路时，都会顺手摘几朵野花，从她的眼神中，我们能感受到她的开心、幸福。田间有处泉眼，缓缓流淌出的泉水灌溉着草地，有两位姑娘走到泉水边，以水为镜，整理梳妆，欣赏自己的芳容。孩子们，你们看，她们的眼中充满了对美好的向往。还有一位眼睛黑黑的妇人，她摘了好多野花，坐在树桩上编了一个小花环。当然，这么小的花环，也只能是给小女孩戴。亲爱的同学们，你们仔细观察她的眼睛，一定会感受到母爱的温暖。但是，同学们，你们看，那儿还有一位满头银丝的老妪，她的眼睛充满了悲伤，目光中夹杂着烦恼和痛苦。这会儿她突然停了下来，抬头看了眼骄阳，又看了眼掩映在一片绿茵中的小村庄，深深地叹了一口气。你们看，她不是去田里，而是走上了通向村子的那条大路。她在路边摘了一些野花，来到反法西斯烈士纪念碑前，一边献花，一边啜泣起来。

孩子们，你们现在目睹的是人类最伟大的悲痛——一位母亲的悲痛。她现在往回走了，又路过咱们的"美之坊"，你们再认真观察一下她的眼睛。

孩子们屏息静坐，周围的一切都静止了，连小草和树叶都一动不动。我们又一次目睹了这位母亲悲伤的眼神。她转过头，依依不舍地看着墓地，发出阵阵叹息。

此时，任何话语和解释都是多余的。孩子们已经明白，这位母亲的孩子在战争中牺牲了。我给孩子们讲了这位母亲的不幸：她的丈夫和两个儿子都牺牲了。

后来，我一节又一节地上了很多堂课，教孩子们用心识人。我们去田野里，坐在乡间小路旁，身边经过的人络绎不绝。看着一个人的面庞和眼神，孩子们就能感受到他的内心世界。有的人对生活很满意；有的人在追求着某种令人兴奋的美好；有的人看起来好像只是很疲惫，还有一点冷漠……不，他内心的情绪也不太好；还有的人心事重重，可能是被日常琐事拖累，也有可能因为某件重要的事焦虑。快看，这个老爷爷一副很悲伤的样子。孩子们精神一振，紧张起来，他们还从未见过如此悲伤的眼神。

"他很痛苦……一定是遇到了什么不幸的事情，要去问一下怎么才能帮帮他吗？"孩子们七嘴八舌地说着。

他们走到老爷爷身边，问道："有什么能帮您的吗？"老爷爷用温暖的手抚摸着吉娜的小脑袋，沉重地叹了口气道："亲爱的孩子们，你们帮不了我……我的妻子刚刚在医院里去世了……我现在要去找一辆车……我们一起生活了四十七年……你们帮不了我，但我现在心情轻松一些了，你们都是善良的人……"孩子们的情感素养就是这样被培养起来的。这是一个长期而微妙的过程，要求教师行事有分寸、心思细腻、善于思考、熟知每个孩子的内心世界。

在时间之河的另一端

刘慈欣

亲爱的女儿：

你好！这是一封你可能永远收不到的信，我将把这封信保存到银行的保险箱中，在服务合同里，我委托他们在我去世后的第两百年把信给你。不过我还是相信，你收到信的可能性更大一些。

现在你打开了信，是吗？这时纸一定是比较罕见的东西了，这时用笔写的字一定消失已久，当你看着这张信纸上的字时，爸爸早已消逝在时间的漫漫长夜中，有两百多年了。我不知道人的记忆在两个多世纪的岁月中将如何变化，经过这么长的时间，我甚至不敢奢望你：还记得我的样子。

但如果你在看这封信，我至少有一个预言实现了：

在你们这一代，人类征服了死亡。在我写这封信的时候已经有人指出：第一个永生的人其实已经出生了。当时我是相信这话的少数人之一。我不知道你们是怎么做到的，也许你们修改了人类的基因，关掉了其中衰老和死亡的开关，或者你们的记忆可以数字化后上传或下载，躯体只是意识的承载体之一，衰老后可以换一个……我还可以想出其他很多种可能，但有一点可以肯定：不管你们的生命已经飞跃到什么样的形态，你还是你。甚至，在你所拥有的漫长未来面前，你此时仍然感觉自己是个孩子。

你收到这封信，还说明了一个重要的事实：银行对这封信的保管业务一直在正常运行，说明这两个多世纪中社会的发展没有重大的断裂，这是最令人欣慰的一件事，如果真是这样，那我的其他的预言大概也都能成为现实。你出生不久后，我在新出版的一本科幻小说的扉页上，写下了："送给我的女儿，她将生活在一个好玩儿的世界。"我相信你那时的世界一定很好玩儿。

你是在哪儿看我的信？在家里吗？我很想知道窗外是什么样子。对了，应该不需要从窗子向外看，在这个超信息时代，一切物体都能变成显示屏，包括你家的四壁，你可以随时让四壁消失，置身于任何景致中……

你可能已经觉得我可笑了，就像一个清朝的人试图描述二十一世纪一样可笑。但你要知道，世界是在加速发展的，二十一世纪以后，两百多年的技术进步相当于以前的两千多年，甚至更长的时间，所以我不是像清朝人，而是像春秋战国的人想象二十一世纪那样想象你的时代，在这种情况下，想象力与现实相比将显得极度贫乏。但作为一个写科幻小说的人，我想再努力一下，也许能使自己的想象与你所处的神话般的现实沾一点边。

好吧，你也许根本没在看信，信拿在别人手里，那人在远方，是他（她）在看我的信，但你在感觉上同自己在看一样，你能够触摸到信纸的质地，也能嗅到那两个多世纪后残存的已经淡到似有似无的墨香……因为在你的时代，互联网上联结的已经不是电脑，而是人脑了。信息时代发展到极致，必然实现人脑的直接联网。你的孩子不用像你现在这样辛苦地写作业了，传统意义上的教育已经不存在，每个人都可以在联入网络的瞬间轻易拥有知识和经验。但与人脑互联网带来的新世界相比，这可能只是一件微不足道的事。那将是怎样一个世界，我真的无法想象了，还是回到我比较容易把握的话题上来吧。

说到孩子，你是和自己的孩子一起看这封信吗？

在那个长生的世界里，还会有孩子吗？我想会有的，那时，人类的生存空间应该已经不是问题，太阳系中有极其丰富的资源，如果地球最终可以养活一千亿人，这些资源则可以维持十万个地球，你们一定早已在地球之外建立新世界了。

你家的周围应该很空旷，远处稀疏的建筑点缀在绿色的大自然中。城市化可能只是一个历史阶段，信息网络的发展将使城市变得越来越分散，最终消失，人们将再次与大自然融为一体，但网络上的虚拟城市将更加庞大和密集，如果你愿意，随时都可以置身于时尚的中心。

那时的天空是什么样子？天空是人类所面对的最恒久不变的景致，但我相信那时你们的天空已经有了变化。空中除了日月星辰，还能看到一些别的东西，地球应该多出了一条稀疏的星环，地球上所有的能源和重工业都已经迁移到太空中，那些飘浮的工厂和企业构成了星环。从地面上看，那些组成星环的东西有些能看出形状，像垂在天空上的精致项链坠，那是太空城。我甚至能想出它们的名字：新北京、新上海和新纽约什么的。

也许你现在已经不在地球上了，你就在一座太空城中，或者在更远的地方。我想象你在一座火星上的城市中，那城市处于一个巨大的透明防护罩里，城外是一望无际的红色沙漠。你看着防护罩外的夜空，看着夜空中一颗蓝色的星星，你是从那里来的，两百多年前我们一家也在那里生活过。

你的职业是什么？你所在的时代应该只有少数人还在工作，而他们工作的目的已经与谋生无关。但我也知道，那时仍然存在着许多需要人去做的工作，有些甚至十分艰险。比如火星，其环境不可能在两个多世纪中地球化，在火星的荒漠中开拓和建设肯定是艰巨的任务。同时，在水星灼热的矿区，在金星的硫酸雨中，在危险的小行星带，在木卫二冰冻的海洋上，甚至在太阳系的外围，在海王星轨道之外寒冷寂静的太空中，都有无数人在工作着。你当然有权选择自己的生活，但如果你是他们中的一员，我为你而骄傲。

在你们的时代，我相信有一个一直在想象中存在的最伟大的工作或使命已经成为现实，它的艰巨和危险，它所需要的献身精神，在人类历史上是史无前例的，那就是恒星际的宇宙航行。我相信在你看到这封信的时候，第一艘飞向其他太阳的飞船已经在途中，还有更多的飞船即将启航。对飞船上的探索者来说，这都是单程航行，虽然他们都有很长的寿命，但航程更加漫长，可能以千年甚至万年来计算。我不想让你生活在一艘永远航行中的飞船上，但我相信这样的使命对你会有吸引力的，因为你是我的女儿。

你在那时过得快乐吗？我知道，每个时代都有自己的烦恼，我无法想象你们时代的烦恼是什么，却能够知道你们不会再为什么而烦恼。首先，你不用再为生计奔忙和操劳，在那时贫穷已经是一个古老而陌生的字眼；你们已经掌握了生命的奥秘，不会再被疾病困扰；你们的世界也不会再有战争和不公正。但我相信烦恼依然存在，甚至存在巨大的危险和危机，我想象不出是什么，就像春秋战国的人想象不出地球温室效应一样。这里，我只想提一下我最担心的事情。

你们遇到TA们了吗？

你知道我指的是什么，人类与TA们的相遇可能在十万年后都不会发生，也可能就发生在明天，这是人类所面临的最不确定的因素。我写过一部关于人类与TA们的科幻小说，那部书一定早已被遗忘，但我相信你还记得，所以你一定能理解，关于未来，这是我最想知道的一件事。你们已经与TA们相遇了吗？虽然我早已听不到你的回答，但还是请你告诉我一声吧，只回答是或不是就行。

　　亲爱的女儿，现在夜已经深了，你在自己的房间里熟睡，这年你十三岁。听着窗外初夏的雨声，我又想起了你出生的那一刻，你一生出来就睁开了眼睛，那双清澈的小眼睛好奇地打量着这个世界，让我的心都融化了，那是二十一世纪第一年的五月三十一日，儿童节的前夜。现在，爸爸在时间之河的另一端，在两百多年前的这个雨夜，祝你像孩子一样永远快乐！

爸爸

2013 年 5 月 24 日

辑二
爱的流动

陪伴孩子的时间只有几年，
要让家成为孩子永远的港湾。

笑着长大

王芳

2007年5月2日上午10点39分，女儿出生了。

早产三十四天，体重四斤九两，一切保胎手段全用上，她还是着急地和我见面了。

当医生把一个小婴儿抱到我面前的时候，我几乎没有精力好好看看她，就沉睡了过去。之前因为要早产，折腾了四天，早已经筋疲力尽，这一刻，知道她一切安好，我感觉自己一下子放松了，然后就什么都不知道了。

再醒来已经是傍晚，亲人都在身边，唯独边上的小床是空的。孩子呢？本能反应，我妈妈眼泪一下就出来了："孩子进保温箱了，大夫说太小，怕出问题。"那一刻，我才知道什么叫母爱泛滥，什么叫天性使然。在女儿十二天的保温箱历程中，我几乎没有一刻不想念她，之前怀孕的时候就没有这个感觉，没有那么强的心灵感应，而自从看了她一眼之后，脑海里就全是她了。

剖宫产之后，疼痛持续了两天，这两天时间里，我心里特别不踏实，总在自责，为啥怀孕时不多吃一点，如果孩子体重超过五斤，就不用进保温箱了，就差一两啊，真是恨自己。怀孕的时候，其实我也没太注意身材，一直大吃大喝的，可能是因为本来就是瘦体形，怎么吃也没太胖，孕期最重时一百一十八斤，再加上早产，医生说如果足月，孩子应该可以到七斤左右。

现在说什么都晚了，孩子已经出生，也不能再把她塞回肚子里了，唯一能做的就是尽快恢复，尽早见到小家伙。

手术后第四天，我可以下地行走了。那一天下午四点，医生到病房看我，她说刚去看过女儿，一切安好，突然提议，正好是重症监护室探视时间，不如上去看看女儿。幸福来得太突然了，之前想了好多次去看她，但是因为我身体的原因，一直未能如愿，此刻，一切都正好。

开了探视单，我换上了消毒服，跟着医生走进了重症监护室。

说实话，这还是我第一次走进ICU，不知道为什么，一种好森严的感觉。医生带我走过两个保温箱，里面都躺着小婴儿，到第三张床边，她站住了："看，你家的小公主！"我迫不及待地趴到透明保温箱边，透过玻璃罩，看到了婉儿。啊，好白净的孩子，一点没有早产孩子的皱巴样，那样安静地躺在那里。鼻子里插着一根管子，脚上扎着输液管，头皮上可能也输过液，粘着胶布。她一动不动，也不知道能不能感觉到妈妈来了。我轻轻地叫了她的名字，医生在我身边讲着她的情况，可是我一句都没有听清楚，脑袋蒙了，就是想让她睁眼看看我。好想抱抱她啊，她来到这个世界，都没有机会享受妈妈的怀抱，就被带到了这里。十分钟过去了，按照规定，我必须得走了，那叫一个不舍得，医生催了好几次，我才出了重症监护室的门。

"医生，这么多管子，她会不会很疼啊？"一出门，我就问医生。

医生笑了，可能新手妈妈都会这样吧："你还能记住你刚出生时的事情吗？记不住的，孩子长大之后肯定没什么影响，放心吧！"

回到病房，我躺在那里足足一个小时没有说话，满心都是想念，都是心疼。其实那个时候我自己也伤口疼痛，一瞬间觉得自己微不足道了，我想，这就是当妈的感觉吧，很奇妙，一个小东西从此和我的生活息息相关了，甚至改变了我的生活轨迹。她变成了太阳，我变成了地球，我绕着她转，她让我的生活有了新的色彩。

十二天后，女儿出了保温箱，回到了妈妈的怀抱。

可能是因为之前一直没有机会抱抱她，自从她出了医院，我就几乎没停地抱着她。她超级安静，因为早产，几乎没有力气哭泣，一天都没什么动静，但是让我惊奇的是，从我第一次抱着她，她就会笑了。是睡梦中的笑，嘴角一歪，可以很长时间不动，那感觉，太可爱了。

那一瞬间，我才知道做母亲有多美好。

我着急地喊妈妈来看，婉儿会笑了，我妈妈都觉得很不可思议，这么小，早产，竟然十二天就可以笑了，很少哭。我妈当时就断言，这是一个好带的孩子，这么小就知道妈妈想她了，就知道笑给妈妈看。

从那个时候开始，我爱上了她笑的感觉，有意识地奖励她笑，只要笑，妈妈就亲一下。等她稍微懂点事了，就告诉她爱笑的孩子幸运，于是，她真的如我所愿，成了一个爱笑的孩子。

在我的记忆中，她很少大声哭闹，很少在公共场合折腾大人，这些，我觉得都和她爱笑有关。当然，爱笑不都是天生的，和我的不厌其烦的教育是息息相关的，我认为，培养一个积极健康的孩子是父母的最高追求。

她来之不易，幸运降临，一定要让她笑着长大。这个"笑着"不是指要给她多好的生活条件，而是要让她学会处理问题，任何坏事都可以变成好事，于是我开始研究教育，研究如何培养一个心智健康的孩子，这样，有一天我老了，甚至离开了这个世界，她都可以笑着面对一切！

宝贝，请你笑着长大，让我笑着变老！

节选自《最好的方法给孩子》

你也不用记挂，什么都不怕

林徽因

宝宝[1]：

　　妈妈不知道要怎样告诉你许多的事，现在我分开来一件一件地讲给你听。

　　第一，我从六月二十六日离开太原到五台山去，家里给我的信就没有法子接到，所以你同金伯伯、小弟弟[2]所写的信我就全没有看见。（那些信一直到我到了家，才由太原转来。）第二，我同爹爹不只接不到信，连报纸在路上也没有法子看见一张，所以日本同中国闹的事情也就一点不知道！

1　宝宝：指林徽因之女梁再冰。此信写于 1937 年 7 月。
2　金伯伯、小弟弟：指金岳霖和梁从诫。

第三，我们路上坐大车同骑骡子，走得顶慢，工作又忙，所以到了七月十二日才走到代县，有报，可以打电报的地方，才算知道一点外面的新闻。那时候，我听说到北平的火车，平汉路同同蒲路已然不通，真不知道多着急！

第四，好在平绥铁路没有断，我同爹就慌慌张张绕到大同由平绥路回北平。现在我画张地图你看看，你就可以明白了。

请看第二版 第三版[1]

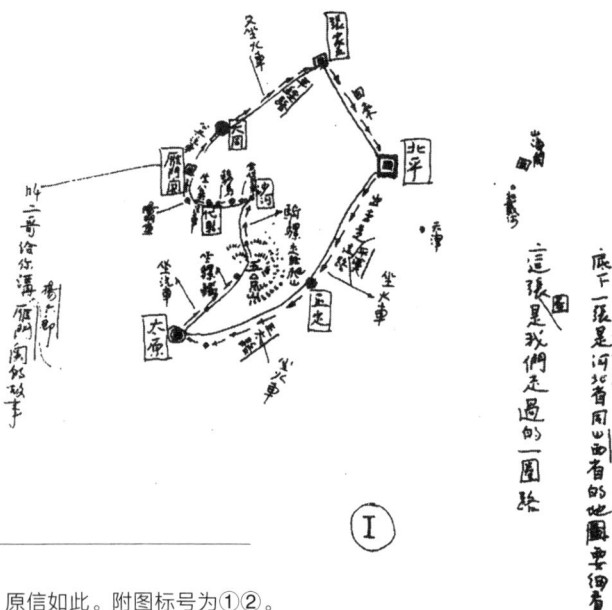

1　原信如此。附图标号为①②。

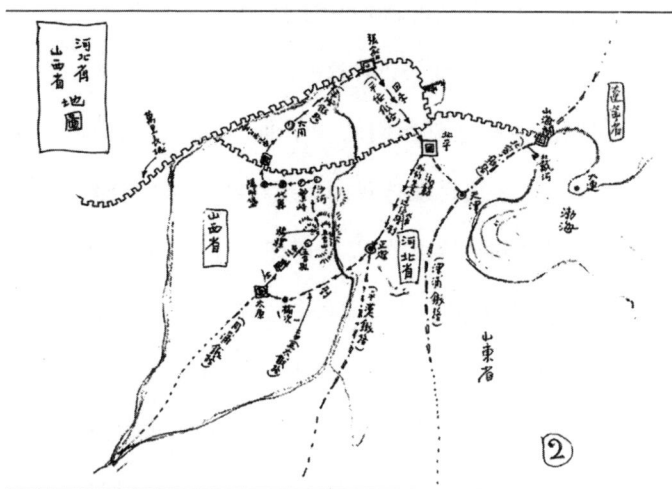

②

注意万里长城、太原、五台山、代县、雁门关、大同、张家口等地方，及平汉铁路、正太铁路、平绥铁路，你就可以明白一切。

第五（现在你该明白我走的路线了），我要告诉你我在路上就顶记挂你同小弟，可是没法子接信。等到了代县一听见北平方面有一点战事，更急得了不得。好在我们由代县到大同比上太原还近，由大同坐平绥路火车回来也顶方便的（看地图）。可是又有人告诉我们平绥路只通到张家口，这下子可真急死了我们！

第六，后来居然回到西直门车站（不能进前门车站），我真是喜欢得不得了。清早七点钟就到了家，同家里人同吃早饭，真是再高兴没有了。

第六[1]，现在我要告诉你这一次日本人同我们闹什么。

你知道他们老要我们的"华北"地方，这一次又是为了点小事就大出兵来打我们！现在两边兵都停住，一边在开会商量"和平解决"，以后还打不打谁也不知道呢。

第七，反正你在北戴河同大姑、姐姐哥哥们一起也很安稳的，我也就不叫你回来。我们这里一时也很平定，你也不用记挂。我们希望不打仗事情就可以完；但是如果日本人要来占北平，我们都愿意打仗，那时候你就跟着大姑姑那边，我们就守在北平，等到打胜了仗再说。我觉得现在我们做中国人应该要顶勇敢，什么都不怕，什么都顶有决心才好。

第八，你做一个小孩，现在顶要紧的是身体要好、读书要好，别的不用管。现在既然在海边，就痛痛快快地玩。你知道你妈妈同爹爹都顶平安地在北平，不怕打仗，更不怕日本。过几天如果事情完全平下来，我再来北戴河看你，如果还不平定，只好等着。大哥、三姑过两天就也来北戴河，你们那里一定很热闹。

---

1 原信如此。

第九，请大姐多帮你忙学游水。游水如果能学会了，这趟海边的避暑就更有意思了。

第十，要听大姑姑的话。告诉她爹爹妈妈都顶感谢她照应你，把你"长了磅"。你要的衣服同书就寄来。

妈妈

女儿喊我吃饭了

海桑

多么奇怪

身体里每天都发生着生死

却仿佛与我无关

都在死亡里面

爱，依然是跳动的蓝色火焰

活着，多么奇怪

我是我，多么奇怪

我爱着的事物扑朔迷离

女儿喊我吃饭了

做个快乐的读书人[1]

刘墉

从十年前生了女儿起，朋友们就不断问我同一个问题："你会用当年教育儿子'超越自己''创造自己''肯定自己'的方法教你女儿吗？"

每次他们问，我的答案都一样："不会！""不会！""不会！"

"为什么？你偏心！"他们必定这样反应。

我则会很肯定地说："因为时代、环境以及我自己都跟当年不一样了。"

可不是吗？

当我儿子出生的时候，我才进入社会，每天张牙舞

1　本文描述的是中国台湾地区二十世纪九十年代的教育情况。

爪地出外打拼，回家当然对儿子的要求严；但是今天，我已经半百，动作和缓了，心情平静了，处世圆融了，因为自己逐渐往老走去，对生命也更为尊重了，当然对孩子的态度也会不同。

这十年来，我的儿子由史岱文森高中进入哈佛大学，且成为博士候选人。虽然事实似乎证明我的教育成功，但是专攻心理学的儿子，也已经能从客观的角度批评我的教育方法。

他会说："其实小时候我什么都懂，也知道该做什么，但我就是不动，等着你们催我，反正到时候，你们就会催了嘛！"

他也对我说，他们做实验，拿许多油盐酱醋糖给幼儿，幼儿东尝尝、西尝尝，有时候吃到难吃的，立刻大声哭起来，但是你会发现，如果那种营养是他必需的，他即使不爱，等一下还是会吃。由此可知，人天生知道自己需要什么、该怎么做。

也因此，我对这晚来的女儿，有了完全不同的教育方法，我从来不体罚她，绝少骂她，甚至从来不逼她做功课、弹琴。

我认为人就是人，人有一种天生向上的本能。我要做个实验，看看如果我完全不逼她，她是不是一样知道每天把功课做好。

过去教儿子，我要他样样拿第一，现在却对女儿说："让别人享受一下拿第一的感觉，不是很好吗？"因为我希望她在争强斗胜中，也能有宽阔的胸怀。

过去儿子学校的家长会，我很少去，认为自己的教育方法最好。但是现在女儿有家长会，我一定出席，因为我要吸取西方的教育观念。

我甚至做过一些从传统角度看，非常不对的事——

我居然在孩子上课期间，为女儿请假，带她去迪士尼乐园，理由是"非假期，人比较少"。

谁能想到当我怯怯地向老师请假时，老师居然笑道：

"她的功课很好，请几天假当然没问题，而且一家人去迪士尼的经验是难得的。"

说实话，带女儿的这十年间，我比以前轻松多了，不曾有过一次冒火的记录。而事实证明，她过得很好、很快乐、很健康也很成功。

正因为女儿不像儿子以前有那么多问题，父女也没什么争执，所以我本来没有计划为女儿写本书，我觉得她就是这样自自然然地长大，我好像"无为而治"，又何必写什么呢？

只是，自从我近几年在台北办了青少年咨商中心之后，又觉得有许多感慨。

我在台北的邻居有个小女儿。前几年总在电梯里遇见做妈妈的拉着女儿冲进冲出，说是刚上完儿童画和钢琴，又要去补习珠算。

我没听过那小女孩打算盘的声音，也没见过她的画，倒是常聆赏她的琴音，使我想起在纽约的女儿。

只是去年九月之后，就再也听不见她弹琴了。倒是七点不到，就听见关门的声音，据说是去学校早自习；晚上，有时候我下班很晚，回家，看到一个小小的黑影走在前面，比我的背还弓，原来她刚补习完。

不只我台北的邻居，连大陆的中学生都写信给我，说他们只见得到"三光"，在星光里上学，在灯光下读书，在月光下回家。

有时候我也好奇，找些小朋友的课本来看，发现教科书都编得好极了。譬如算术，不再只是背公式，而是由数学的概念开始，教孩子数豆子、切方块，真正学好"活数学"。

只是当我看那些家长大呼小叫地教孩子时，又吓出一身汗。他们居然把自己小时候死板的公式，又强加给孩子，大吼着："不用管！你这样套进去就成了。"

而当我表示意见的时候，那家长则理直气壮地说："最重要是考上好学校，管他怎么做，答案对，就成了！"

谈到考学校，至今我还会梦到三十多年前的大专联考，浑身大汗地由梦中惊醒。

"考"，对我们这一代有了多大的伤害？

老同学聚会，一个个都少了头发、多了毛病，大家都说我们似乎远不如上一代健康。

可不是吗？李远哲说他当年虽然躲轰炸跑到郊外，却觉得好快乐。我们上一代虽然在战乱中成长，但是也躲过了"灯光与教鞭下，长期无休止的高压"。

但是三四十年前高压，还有话说。现在早施行了九年义务教育，接着高中联考也将废除；大学有了甄试，甄试不上，联考的录取率也远高于过去。加上一个事实——大学愈来愈多，留学愈来愈容易，而且我们的"生育率"比法国都低了。

只怕再过几年，大学得到外面请学生入学。

明明眼前一片光明，师长们为什么还要那样逼孩子呢？

记得我小时候，有一次看电影，因为前几排有人坐在垫了书本的座椅上，中间就有人坐到椅背上，最后面的人则不得不站在把手上。

我眼前常浮起那一幕，心想，这社会不就如此吗？他的孩子补习了，你的孩子就不能不补，否则补得多的当然考得好；相对地，你的孩子就被"比"下来。

只是，到头来有谁能好好看一场电影？又有哪个孩子能真正享有他美好的童年？

每次我的儿子回来，我看他与当地大学的精英聊天，都暗想，我的儿子虽然在史岱文森辛苦，但比起这边的学生还是轻松，难道我儿子的学问会远远及不上这边的学生吗？

人的一生只能年轻一次。过去，就再也拾不回了。

甚至可以说，人在少年时受到恶补的伤害，会影响一生，把那伤害又强加在他自己孩子的身上，再剥夺孩子的少年岁月，而且不自知。

"十年寒窗无人问，一举成名天下知。"苦难的中国，把这两句名言，也化作苦难。即使窗已不再寒，为学也不再只为金榜题名，还是让我们的下一代背着，走入二十一世纪。

在这许多愤慨中，我一方面盼望教育单位遏止补习，呼吁有钱人输资兴学。更要呼吁老师、家长，让我们的孩子享有一个快乐的童年吧！我们自己已经失去了，别让他们再失去！

童年是一双双好奇的眼睛，我们应该为孩子早早打开一扇扇窗，让他看看外面美好的世界啊！

我的女儿叫小帆，如我一样，她也很平凡，我希望她扬帆万里、快意乘风，更盼望透过这些平凡的文章，对每位小朋友说：

"你们都好幸运，生在今天这个富裕的时代。祝你们不忧不惧，做个快乐读书人！"

你会明白，
我对你的世界有多么了解

[美]F. S. 菲茨杰拉德 | 杨蔚 译

斯科缇娜[1]：

　　（你知道这个昵称不是我起的吗？是很多年前咱们还在里维埃拉的时候杰拉德·墨菲[2]发明的。）嘿！我又开

1　斯科缇娜（Frances Scott Fitzgerald，1921—1986）：菲茨杰拉德（F. Scott Fitzgerald，1896—1940）唯一的女儿。此时她正在瓦萨学院上大学。

2　杰拉德·墨菲（Gerald Murphy，1888—1964）：美国流亡富商，与妻子萨拉·墨菲（Sara Murphy，1883—1975）于上世纪二三十年代流亡法国期间主持文艺沙龙，与菲茨杰拉德、海明威、毕加索等往来密切。菲茨杰拉德在《夜色温柔》（*Tender is the Night*）中就是以墨菲夫妇为蓝本塑造的男女主角。

始写作了，这一次说不定能是一部了不起的作品[1]，我得花上四个月或者六个月来专心写作。有可能一分钱都赚不到，还得贴钱，可这是这么久以来我第一次真心想写的东西——自从写完《不忠》的第一幕之后吧。（你还记得那个剧本吗？因为被审查官叫停没能写完的那个，两年前我们最后一次在诺克福过复活节时我给你看过，你是后来在诺克福到巴尔的摩的路上看完的。）

总之，我又活过来了，整个十月都忙忙碌碌，不管有多少压力，多少"必须"，多少屈辱与挣扎。我没喝酒了。我不是什么了不起的人，但有时候也会觉得，我天赋里自带的那种冷淡与冷眼旁观的素质，还有为了保护其中最有价值的部分而做出的牺牲——虽说都是七零八碎的——在某种程度上总带着些史诗式的宏大意味。不管怎么说吧，闲着时我就是靠诸如此类的幻觉来自我安慰的。

这一次的故事差不多就发生在你开始把我视为成年人来理解的那段时间。等你读到这本书时，我想，你就会

---

1 即《最后的大亨》（*The Last Tycoon*），因作者突发心脏病去世而未能完结。

明白，我对你的世界有多么了解——不是说广度上的，我病得太重，没办法跟着你去看太多东西。如果能活得足够久，也许我还能听到你对许多事情的看法。不过，我认为，就从事艺术所存在的局限这一点而言，你对自己的判断，你的直觉，或许就是最准确的：你可能会在艺术的世界里来来回回地摸索，直到最终找到属于你的位置，就像我找到我的一样。但到目前为止，我并不认为你是个"天生的艺术家"。

可那又怎样呢？这些都是多么宝贵的时光啊。但愿我能再多看到一些吧。你现在上的都是哪些课？请列出来给我看看。请满足我。别要求我调动所有精力来猜测——在那样的状态里，只要远远瞥上一眼，我就能分辨出你的导师是用什么染料染的头发；只需要一截破布、一根骨头，或是一小簇毛发，我就能重构发生在1938年3月里的凶杀事件。可是现在，还是直接告诉我吧。

a. 奥伯那边是怎么说我的？很糟糕？

b. 说我跟欧文斯太太说你是个混蛋，这是怎么回事？

c. 你最近在忙什么戏？

d. 舞会呢？运动会怎么样？

让我能多少重温一下我的青春吧！

e. 如果你是爸爸，

而不是一个疯狂天才的疯狂孩子，你会做什么？

怎么做？

f. 要什么家具？还是想要蚀刻版画吗？

g. 罗莎琳德写了什么？

h. 说到这里，你想来做个实验吗？

i. 你有没有想过去探望墨菲一家，不是去抨击，

而是让他们高兴一下——？

很高兴你读了马尔罗[1]。驾照拿到了吗？玛丽·厄尔对你好吗？我对康涅狄格的第一印象，大概就是个勇敢、可爱、顽皮的人……

深爱你的

爸爸

1939 年 10 月 31 日

1　安德烈·马尔罗（André Malraux，1901—1976）：法国小说家、艺术史家、政治家。

爱的领悟

[意]蒙台梭利 | 李依臻 译

　　倘若一个人能依照自己的法则消化生命中的苦难，营造社会的和谐，从痛苦中淬炼爱的真谛，那么我们就可以说，这个人拥有健康的心理和善良的灵魂。

　　我们不能否认，爱不是行为的缘由，而是行为的反映，就像星星反射太阳的光芒一样。本能才是行为的缘由，是激励生命前进的创造力。但在创造的过程中，爱无时不在，因此儿童的意识之中充盈着爱，在爱的鼓舞下，他们努力实现自我发展。

　　实际上，我们可以将儿童在"敏感期[1]"对外界环境

1　敏感期：蒙台梭利认为，儿童在每一个特定时期都有一种特殊的感受能力，她把儿童呈现这一现象的关键期称为"敏感期"。

产生的不可抑制的冲动视作"爱"。这种"爱"不是我们平常所说的"爱"，而是指这个字所包含的情感：这是一种对智慧的热爱，在"爱"的感召下，儿童去看、去观察、去领悟。用但丁的话说，这种引导孩子观察四周的推动力，叫作"爱的领悟"。

探索周围环境的热忱，赋予了儿童生动而细致的观察力，而对于丧失了这种能力的成年人来说，环境中的细枝末节无关紧要。捕捉他人察觉不到的东西，记录他人不懂得赞赏和发掘的特质，揭开黑暗角落中隐秘的故事，儿童的敏锐和温柔难道不是爱的流露吗？儿童的智慧，在于以爱的目光感触世界，而不是冷眼旁观，因此才能看见他人看不到的风景。对爱主动的、灼热的、细腻的、持续的汲取，是童年的一大特征。

在成年人的印象中，活泼快乐是多彩童年的表现和特征。但成年人没有看到隐藏其后的爱，这是一种精神力量，是伴随着创造力的道德之美。

儿童的爱是纯粹的。他的爱是为了领悟世界、融入世界，因为天性教他如此。儿童将汲取的养分消化吸收，化为身体的一部分，供给自己成长。

纵观外界环境我们发现，儿童的爱主要奉献给了成人。成人给予儿童物质上的帮助，儿童则满怀爱意地接受了成长路上的必需之物。在儿童的眼中，成年人是高高在上的，从成年人口中蹦出的词汇，就像从不竭的喷泉中涌出的水花一般，儿童咿咿呀呀地模仿成年人的话语，以构建自己的语言系统。对孩童来说，成年人的话不可违逆，仿佛拥有超自然的魔力。

而成年人用自己的行动向一无所知的儿童展示做人处事的行为规范，模仿成人的行为意味着儿童开启了自己的生活。成年人的言谈举止吸引着儿童的注意，它甚至转换为一种暗示，渗透在儿童的言谈举止中。因此，儿童对成人的一言一行无比敏感，直到儿童自己也活成了成人的模样。前文中提到过一个小男孩将鞋子放在床单上的例子[1]，这个例子恰到好处地解释了儿童对成年人的服从，以及成年人对儿童的暗示。成年人的话语就像

---

1 原文为：我看见一个两岁左右的小男孩把一双穿过的鞋子放在洁白的床单上。我不假思索地夺过鞋子（我这样说，是因为我的行为出于本能，没有经过仔细的考量），放到房间角落的地面上，并对小男孩说："鞋子多脏呀！"然后，我用手掸了掸床单上放过鞋子的地方。这件小事之后，每当看到鞋子，小男孩都会跑过去拿起它，把它挪到别的地方，嘴里还一边说着"鞋子多脏呀"，然后伸出小手在床单上抹两把灰尘，尽管床单上并没有放过鞋子。

刻在大理石上一般铭记在孩子心间。各位读者可还记得我之前讲过的一个例子，小女孩的妈妈收到了一个装着手绢和喇叭的包裹，此后小女孩只要摸到布料就会嚷着："音乐！"因此，大人在孩子面前说的每个词语都要经过再三考量，因为孩子正如饥似渴地学习说话，而且这种热情轻易不会消减。

孩子打心底里愿意服从成人的指令。但当成人为了自己的利益，要求孩子放弃那些推动成长和创造的不可动摇的规则和法令时，孩子便不能从命。这就好比大人在儿童长牙的时候阻止乳牙的萌发。儿童的任性、不听话是一种表象，这种表象的内核是儿童对成人（可惜成人并不理解儿童的想法）的敬爱与创造性冲动之间的摩擦。当儿童发脾气的时候，成年人应当考虑冲突发生的原因，意识到儿童的反抗实际上是为了维护自我成长而必须进行的自卫。

成年人应当知道，儿童愿意服从我们，而且坚定不移地爱着我们。儿童爱成年人胜于一切，然而我们却常常听到相反的说法："父母是多么爱他们的孩子！"或者有些老师会说，老师是多么爱他的学生！人们坚称孩子需要学习去爱，爱母亲，爱父亲，爱老师，爱所有人、所有动物、所有植物，爱宇宙中的一切。

但究竟是谁在教育儿童呢？谁是爱的导师呢？难道是那些将幼儿的一切行为称作"任性"，又时刻提防着孩子侵入自己私人领域的成年人吗？这些人不可能成为爱的导师，因为他们并不具有"爱的领悟"。

正相反，儿童才懂得爱的真谛，儿童希望成人陪伴在他们身边，希望获得成人的关注，他们总是对成人说："看看我！到我这儿来吧！"

到了晚上，当孩子钻进被窝的时候，他会呼唤所爱之人，央求爱的人不要离开。当我们去吃饭的时候，尚在吃奶的孩子仍希望和我们在一起，这不是因为他想吃点什么，而是因为他想看着我们，和我们待在一处。成人对儿童的隐秘爱意毫无察觉，甚至不以为意，深爱着我们的小家伙总有一天会长大，会远走高飞，等到那时，谁还会像他们那样爱着我们？谁还会在睡觉之前呼唤我们，饱含深情地对我们说"和我待在一起吧"，而不是冷漠地说一句"晚安"？谁还会在我们吃饭的时候黏在我们身边，只为了看着我们？我们抵挡孩子汹涌的爱意，殊不知这份独一无二的爱再也不会重来！我们不耐烦地说："不行，我没有时间，我还有一堆事要做呢！"但我们心里想的是"要纠正孩子黏人的习惯，不然总有一天我会沦为他们的奴隶"。我们想摆脱孩子，做些自己喜欢的事情，安稳地待在自己的舒适圈里。

孩子一大清早便去叫醒爸爸妈妈，这让大人们伤透脑筋。保姆的任务之一就是阻止孩子扰人清梦，守护父母的赖床时光。

但是，如果不是爱，又是什么让孩子一起床就去寻找爸爸妈妈呢？

清早，旭日初升，孩子从小床上一跃而下，例行公事一样地跑去寻找仍在熟睡的父母，仿佛是在告诉他们："你们要学着健康生活呀！天亮啦！已经是早晨啦！"孩子并不是想要对父母说教，他们只是想见见自己所爱的人。

或许，父母的房间此时光线昏暗，窗帘紧闭，因为炽热的阳光并不受欢迎。但孩子还是克服了内心对黑暗的恐惧，摇摇晃晃地走上前，甜蜜而温柔地依偎在父母身边。然而，父母却低声埋怨道："我告诉过你多少次了，早上能不能不要来吵醒我们？""我没想吵醒你们，"孩子答道，"我只是想来亲你们一下！"

他仿佛是在说："我不是想来叫醒你们的肉体，我是想来唤醒你们的灵魂。"

没错，儿童的爱对我们来说非常重要。父亲和母亲终此一生昏昏沉沉、麻木不仁，他们需要一个新生命来将他们唤醒，赋予他们业已流失的新鲜氧气和炙热血液，这个新生命的一举一动与他们如此不同，每天早晨都会对他们说："该起床迎接新生啦，学会更好地生活吧！"

对，更好地生活：感受爱的一呼一吸。

没有孩子的帮助，大人就会自甘堕落。如果成年人不洗心革面、自我改造，他的灵魂就会被厚实的硬壳包覆，再也感受不到任何温情：长此以往，孩子的心脏终将停摆！

把生命浪费在美好的事物上

吴晓波

　　每个父亲，在女儿十八岁的时候，都有为她写一本书的冲动。现在，轮到我做这件事了。你应该还记得，从很小的时候，我就开始问你一个问题：你长大后喜欢干什么？

　　第一次问，是在去日本游玩的歌诗达邮轮上，你小学一年级。你的回答是，游戏机房的收银员。那些天，你在邮轮的游戏机房里玩疯了，隔三岔五，就跑来向我要零钱，然后奔去收银小姐那里换游戏币。在你看来，如果自己当上了收银员，那该有多爽呀。

　　后来，我一次又一次地问这个问题，你长大后喜欢干什么？

　　你一次又一次地更换自己的"理想"。有一次是海豚训练师，是看了戴军的节目，觉得那一定特别酷。还有一次是宠物医生，大概是送圈圈去宠物店洗澡后萌生出来的。我记得的还有文化创意、词曲作家、花艺师、家庭主妇……

十六岁的秋天，你初中毕业后就去了温哥华读书，因为我和你妈签证出了点状态，你一个人拖着两个大箱子就奔去了机场。妈妈在你身后泪流满面，我对她说，这个孩子从此独立，她将有权利选择自己喜欢的大学、工作和城市，当然，还有喜欢的男朋友。

在温哥华，你过得还不错，会照顾自己，有了闺蜜圈，第一次独自旅行，还亲手给你妈做了件带帽子的运动衫；你的成绩也不错，期末得了全年级数学一等奖。我们全家一直在讨论以后读哪所大学，UBC、多伦多大学还是QUEEN。

又过了一年，我带你去台北旅行，在台湾大学的校园里，夕阳西下中漫步长长的椰林大道，我又问你，你以后喜欢干什么？

你突然说："我想当歌手。"

这回你貌似是认真的，好像一直、一直在等我问你这个问了好多年的问题。

然后，你滔滔不绝地谈起自己对流行音乐的看法，谈了对中国当前造星模式的不满，谈了日韩公司的一些创新，谈了你自认为的歌手定位和市场空间，你还掏出手机给我看MV。我第一次知道Bigbang，知道权志龙，我看了他们的MV，觉得与我当年喜欢过的Beyond和黄家驹那么的神似，一样的亚洲元素，一样的都市背景，一样的蓝色反叛，一样的如烟花般的理想主义。

在你的眼睛里，我看见了光。

作为一个常年与数据打交道、靠理性分析吃饭的父亲，我提醒你说，如果按现在的成绩，你两年后考进排名全球前一百位的大学，大概有超过七成把握，但是，流行歌手是一个与天赋和运气关系太大的不确定职业，你日后成为一名二流歌手的概率大概也只有百分之十，你得想清楚了。

你的目光好像没有游离，你说："我不想成名，我就是喜欢。"

我转身对一直在旁边默默无语的妈妈说，这次是真的。

其实，我打心眼里认同你的回答。

在我小时候，没有人问过我这个问题。从一年级开始，老师布置写作文"我的理想"，保卫祖国的解放军战士、像爱因斯坦那样的科学家或者是遨游宇宙的宇航员，现在想来，这都是大人希望我们成为的那种人，其实大人自己也成不了。

这样的后果是很可怕的。记得有一年，我去四川大学讲课，一位女生站起来问我："吴老师，我应该如何选择职业？"她是一位物理系在读博士生。我问她："你为什么要读物理，而且还读到了博士？"她说："是我爸爸妈妈让我读的。""那么，你喜欢什么？"她说："我不知道。"

还有一次，在江苏江阴，我遇到一位三十多岁的女商人，赚了很多钱，却说自己很不快乐。我问她："那么，你自己喜欢什么呢？"她听到这个问题，突然怔住了，然后落下了眼泪。她说："我从来没有想过这个问题。"从很小的时候，她就跟随亲戚做生意，从贩运、办厂到炒房产，什么赚钱干什么，但她一直没有想过，自己到底喜欢什么。

今日中国的"90后"们，是这个国家近百年来，第一批和平年代的中产阶级家庭子弟，你们第一次有权利也有能力选择自己喜欢的生活方式和工作——它们甚至可以只与兴趣和美好有关，而无关乎物质与报酬，更甚至，它们还与前途、成就、名利没有太大的干系，只要它是正当的，只要你喜欢。

喜欢，是一切付出的前提。只有真心地喜欢了，你才会去投入，才不会抱怨这些投入，无论是时间、精力还是感情。

在这个世界上，不是每个国家、每个时代、每个家庭的年轻人都有权利去追求自己所喜欢的未来。所以，如果你侥幸可以，请千万不要错过。

接下来的事情，在别人看来就特别的"乌龙"了。你退掉了早已订好的去温哥华的机票，在网上办理了退学手续，我为你在上海找到了一间日本人办的音乐学校，它只有十一个学生，还是第一次招生。

过去的一年多里，你一直在那间学校学声乐、舞蹈、谱曲和乐器，据说挺辛苦的，一早上进琴房，下午才出得来，晚上回到宿舍身子就跟散了架一样，你终于知道把"爱好"转变成"职业"，其实并不是一件容易的事情。

其实，我到现在还不知道你到底学得怎么样，是否有当明星的潜质，但是有一点是肯定的，你确乎是快乐的，你选了自己喜欢走的路。

"生命就应该浪费在美好的事物上。"

这是黑松汽水的一句广告词，大概是十二年前，我在一本广告杂志上偶然读到。在遇见这句话之前，我一直被职业和工作所驱赶，我不知道生活的快乐半径到底有多大，什么是有意义的，什么则是无效的，我想，这种焦虑一定缠绕过所有试图追问生命价值的年轻人。

是这句广告词突然间让我明白了什么，原来生命从头到尾都是一场浪费，你需要判断的仅仅在于，这次浪费是否是"美好"的。后来，当我每做一件事情的时候，我便问自己：你认为它是美好的吗？如果是，那就去做吧，从这里出发，我们去抵抗命运，享受生活。

现在，我把这句话送给十八岁的女儿。

儿子的礼物

琦君

一位好友的女儿，寄来她在报上发表的一篇文章给我看。内容是写她十几岁的儿子在幼年时亲手雕了一对烛台送给她，做母亲的当然是万分珍爱。儿子渐渐长大了，有一天，他发脾气，顺手拿起一只烛台扔向母亲。母亲于吃惊与盛怒之下，拾起地上的烛台，竟连同柜子上的另一只一起扔进垃圾桶。儿子怔在那里，怨怒的眼神仿佛在说："你扔吧，给你的东西，你爱怎么扔就怎么扔。"第二天一早，她后悔了，去垃圾桶边想把烛台拾回来，却已被清洁工收拾走了。

她心头感到无比的刺痛，尤其是想起儿子当时雕刻的那番心意和所花的工夫。她叹息道："为什么美好的东西，总是在失去之后才觉得格外可爱？"

看着她的文章，我止不住泪水涔涔而下。我感触于母心之苦涩，也悔恨自己既不是一个孝顺体贴的女儿，又不曾扮演好母亲的角色。如今垂暮之年，任纵横老泪也冲不去心头的伤痛。

和作者一样，我也有一件儿子送的礼物，那是他在童年时用火柴棒搭起来的立体"快乐"二字。那真是玲珑剔透、巧夺天工。我是那么珍惜它，把它放在玻璃橱最妥帖最显眼的地方。年复一年，火柴棒的红蒂头褪色，骨架因胶水渐渐脱落而松散了，它已不能竖起放，我只好把它小心地收在一只盒子里。几度搬迁，我总是小心地带着它。现在，它就放在床边书架上，我常常端起盒子细看，真不能相信这是儿子的杰作。悠悠二十年岁月的痕迹，都刻在那一根根带有微尘的暗淡火柴棒上，而它所给予我的是一份诚挚的"快乐"。我心里有太多的感激，也有太多的感慨。

记得那个深夜，他把房门关得紧紧的，亮着灯不睡。我以为他在偷看从摊上借来的脏兮兮的"小人书"，几次敲门催他睡，他只是不理，我气得一夜未睡好。次日早晨他上学了，却见书桌上端端正正摆着这件精致的手工，边上一张卡片上写着："妈妈，给你快乐。"我的感动无法名状，我真是快乐了好多时日啊！

他渐渐长大了，我们母子时有争吵，他曾愤怒地出走，数日不归，我守着虚掩的大门，通宵达旦，看着"快乐"二字泫然而泣。固然儿子并没像这位朋友的孩子那样，拿起自己做的手工扔向我，但他对我珍惜这件礼物所表现的无动于衷，却使我心酸。每次央求他修补一下火柴棒的骨架，他总是漫不经心地一再拖延。我了解这是无法勉强的，时光不会倒流，童稚亲情不复可得。儿子成人了，我已老了。当年母亲说得对，"一代归一代，茄子拔掉种芥菜"，母亲那时已知代沟无法逾越了。

我再想想这篇文章的作者，我是看着她长大的。她在初中时，每周两次放学后，带了两个弟弟，背着书包到我家来读古文。他们专注的神情都还在眼前，一下子他们也将近中年了。她现在是两个孩子的母亲，也尝到了做母亲的滋味。但在给我的信中，她仍幽默地说："母亲来时，总是事事看我不顺眼。"这就是两代的不同吧。

她在文章结尾时说："希望儿子成长为一个有用而快乐的人。"足见母心尽管苦涩，却是永远满怀希望的。

她道出了天下父母心，也给了我一份温暖与启示。

我也不再为儿子送我的那骨架松散的"快乐"二字而感触万千了。

辑三
成长与分离

遥望你长大的背影，
是我一生的功课。

我交给你们一个孩子

张晓风

小男孩走出大门，返身向四楼阳台上的我招手，说："再见！"

那是好多年前的事了，那个早晨是他开始上小学的第二天。

我其实仍然可以像昨天一样，再陪他一次，但我却狠下心来，看他自己单独去了。他有属于他的一生，是我不能相陪的。母子一场，只能看作一把借来的古琴，能抚琴多久，便抚琴多久，但借来的岁月毕竟是有其归还期限的。

他欢然地走出长巷，很听话地既不跑也不跳，一副循规蹈矩的模样。我一个人怔怔地望着巷中尤加利树下细细的朝阳而落泪。

106

想大声地告诉全城市，今天早晨，我交给你们一个小男孩，他还不知恐惧为何物，我却是知道的，我开始恐惧自己有没有交错。

我把他交给马路，我要他遵守规矩沿着人行道而行，但是，匆匆的路人啊，你们能够小心一点吗？不要撞到我的孩子，我把我的至爱交给了纵横的道路，请容许我看见他平平安安地回来！

我不曾搬迁户口，我们不要越区就读，我们让孩子读本区内的国民小学而不是某些私立明星小学，我努力去信任教育当局，而且，是以自己的儿女为赌注来信任——但是，学校啊，当我把我的孩子交给你，你保证给他怎样的教育？今天清晨，我交给你一个欢欣、诚实又颖悟的小男孩，多年以后，你将还我一个怎样的青年？

他开始识字，开始读书，当然，他也要读报纸、听音乐或看电视、电影。古往今来的撰述者啊！各种方式的知识传递者啊！我的孩子会因你们得到什么呢？你们将饮之以琼浆，灌之以醍醐，还是哺之以糟粕？他会因而变得正直忠信，还是学会奸猾诡诈？当我把我的孩子交出来，当他向这世界求知若渴，世界啊，你给他的会是什么呢？

世界啊，今天早晨，我，一个母亲，向你交出她可爱的小男孩，而你们将还我一个怎样的呢？

孩子出"问题",因为在长大

李松蔚

"如果神奇的魔法发生在你家里,问题消失了,明天你会发现有什么不一样?"

这个说法,叫奇迹提问。

在家庭咨询中,我们使用这种提问促进求助者想象具体的改变。来求助的人往往对于"问题"叫什么名字,长什么形状,甚至形成原因都如数家珍("都怪他小学二年级的那个班主任!"),可是一问到改变后的样子,却不甚了然。他们要认真想一想,毕竟,人只有知道要去什么方向,才能起步走。问题是指向过去的,目标还要指向未来。

父母低着头,认真想象那个画面:"会变成跟以前一样。"

以前是什么样呢？

曾经像一只毛毛狗那样温软可爱的孩子，用不了几年，就会长得和父母一样高，心里也藏满了不愿意分享的秘密。每个父母都知道理论上有这一天，但真正面对的时候，还是措手不及。一个魁梧得有些陌生的小伙子成天关在卧室里玩手机，一提学习就大发脾气（还是粗声粗气的嗓音），父母很难没有这样的怀疑："以前那个孩子去哪里了？"

"孩子以前是很听话的。"父母说。

言下之意，回到过去吧。一年前，不，哪怕两个月前都好，什么问题都没了。我遇到过好多这样的家庭，一提过去，都是一脸"那时多好"的留恋：全家人各司其职，几点上学，几点上课外班，后勤如何保障，各自有条不紊……多安稳！可惜风云突变，孩子迷上了游戏，成绩一落千丈，跟父母生疏，敌对，不写作业不上课……显而易见，问题都出在孩子身上！假如心理咨询师有什么魔法拿掉这个问题，全家就可以像以前一样生活。

他们仍然没有准备好面对这个事实：时间不能倒流。

心理咨询的第一个任务，就是让他们接受这一点。

"想要解决孩子的问题，"我告诉他们，"每个人就不能再像以前一样。"

他们不理解："以前那样不是很好吗？有什么问题吗？"

因为孩子长大了啊。我问孩子："你愿意回到过去的生活吗？你父母觉得那样最好，当你还是个小孩子的时候——那时妈妈想要你做什么，说一声你就去做。"

孩子翻了个白眼，不理我。

"哎，老师问你话呢！"妈妈推他。

现在她说什么，孩子都无动于衷了。父母习惯的百依百顺已经不复存在。无论把它叫作什么，这就是"问题"的实质：孩子变了，从前喜欢的事现在不喜欢，过去说一句话就可以达成的效果，现在变成了反效果。从变化的角度看这件事，就不会一厢情愿地想它能被还原或是清空。时间是一条单行线，变化就是变化，不会停，更没法倒退。

只能把它作为确定的事实接受下来，一家人才会接受：唯一的办法是跟着变。

一个人变了，往往意味着全家人都要变。要在新的阶段保持平衡，需要新的技巧。孩子小时候想随心所欲地玩，长大了也想随心所欲地玩。区别在于，小时候妈妈问一句"作业写完了吗",孩子就乖乖拿起笔了。反抗?不存在的。妈妈稍微严厉一点,孩子就服了。长大之后他有了不服的底气,如此而已。与其把这当成是一种问题,倒不如说是父母解决问题的能力有了问题。他们必须探索一种更有效的沟通:成年人对成年人的沟通。

当然了,父母会皱眉头:凭什么?

在他们的印象里,跟孩子的沟通不需要这样。以前也不需要,现在凭什么要这么麻烦?人有一种抗拒变化的本能。何况在不久以前,习惯的套路也足以解决问题。如果不承认时间的影响,就很容易把这些对改变的阻抗推到某一个人,或者某一个"问题"上:本来好好的,都是因为孩子玩游戏,事情才变得不可收拾!这种思考方式完全可以理解——父母很委屈:错又不在他们身上,他们却要承担后果。但这种思考方式有一个危险的推论,那就是父母也不想承担责任:"我为什么要改变,让孩子变回从前那样不才是正解吗?"

作为心理咨询师,必须明确否认这种想法。这不是帮谁拉偏架,站在全家每个人的立场上,都必须把目光投向现实——你回不去了!愿意也好不愿意也好,变化已经来了。把不切实际的幻想排除之后再来讨论:来到新的阶段，需要哪些从前不用的技能？

这就是为什么一开始要让他们设想，通过改变想达成的结果是什么。目标是像从前一样风平浪静地沟通，每个人就要以此为前提做出取舍。父母需要学习更高明的管教智慧：如何巧妙地设定边界？哪些事必须坚持？哪些事孩子可以说了算？谈不拢的地方如何处理？除了下命令，还有哪些管理和谈判技巧？……以及，孩子一天天地长大，如果他最终选择的人生就是和父母设定的方向不一致，怎么办呢？也要做好准备接纳这一落差。

孩子长大，父母也要长成大人的父母。

肯定会有阻力。妈妈会说："太难了，我做不到。"这很正常。妈妈一个人做不到，那么爸爸需要做什么呢？——爸爸一开始也不情愿，他习惯了每天早出晚归的规律生活，家里的事交给妻子就好："以前不都是这样吗？我负责赚钱，你负责管家里，现在你继续想办法把家里管好，不要把我扯进来。"这是把维持不变的幻想从孩子转移给了妻子：孩子长大了，你跟着变，我就不要变了。但这种想象恐怕也是行不通的。妻子的变化会给全家带来冲击，她会表达越来越多的需求，以及不满。或迟或早，丈夫会面对这一事实。

他不得不思考：为了管教一个青春期的孩子，也为了在新的时期保持稳定的夫妻关系，自己必须做出调整——夫妻今后要如何分工，如何协作，以最大化地适应新的形势？孩子哪些方面需要爸爸支持？妻子需要丈夫哪些帮助？夫妻之间过去被搁置的议题，现在不得不重新拿出来讨论；工作也要做出取舍……从前习惯的生活，今后将一去不返。

全家人都参与到改变当中，当然不容易，但比起简单一句"回到过去那样"，至少这是可行的。因为每个人都在接受变化，他们有随着变化而变的决心。

改变当然有各种各样的困难，但我始终觉得，最难的是决心。因为不变比变更省力。而人们太一厢情愿地相信自己可以永远省力地活着：我之前明明是能搞定问题的呀，干吗现在要变？直到他们发现，我还是那个我，问题却不再是从前的问题了。

如果总是停留在"我也没做错什么"的想法里，就会一直委屈——确实没做错，但生活也永远会给你新的问题：孩子越来越坚持自己的想法；老婆不愿意再扮演任劳任怨的角色；父母老了需要更多照顾；夫妻信任随着时间衰减；经济形势有起有伏；物价在涨；体力变得不如从前；公司的竞争更激烈，年轻人充满干劲，而已有的知识正在过时。

所有这些让人心烦意乱的变化，都可以用一句话来解释——

因为时间在流逝，万物生长永不停歇。

这不是"问题"，不要把它当成应当或者可以被解决的问题。那只是一个事实，像石头一般冰冷且值得信赖的事实：每个人都在生长。从内心深处接受它，就会给你改变的决心。这不讲道理，没有人做错事，但你熟悉的生活注定渐行渐远，改变势在必行。

论孩子

[黎巴嫩]纪伯伦 | 王十九 译

怀抱孩子的妇人说："请和我们谈谈孩子。"

穆斯塔法说：

你们的孩子，并不是你们的孩子。

他们是生命自身渴求所得的儿女。

他们借由你们而来，却不源于你们；

他们伴随你们左右，却不属于你们。

你们可以给予他们关爱，而非思想。

因为他们有自己的思想。

你们可以护佑他们的身体，而非灵魂，

因为他们的灵魂栖止于明日的居所，哪怕在梦中，

你们也无法造访。

你们可以努力效仿他们，

但不要千方百计把他们弄得像你们。

因为生命从不回溯，也不与往日纠缠。

你们是弓，你们的孩子是弓放出的活泼泼的箭。

射手看准无尽之路上的标靶，用其伟力弯曲你们，

好让他的箭飞得又快又远。

愿你们在射手的掌中曲身而满怀喜悦；

因为他有多爱那疾飞的箭，就有多爱那沉稳的弓。

儿女

朱自清

我现在已是五个儿女的父亲了。想起圣陶喜欢用的"蜗牛背了壳"的比喻，便觉得不自在。新近一位亲戚嘲笑我说："要剥层皮呢！"更有些悚然了。

十年前刚结婚的时候，在胡适之先生的《藏晖室札记》里，见过一条，说世界上有许多伟大的人物是不结婚的；文中并引培根的话，"有妻子者，其命定矣"。当时确吃了一惊，仿佛梦醒一般；但是家里已是不由分说给娶了媳妇，又有什么可说？现在是一个媳妇，跟着来了五个孩子；两个肩头上，加了这么重一副担子，真不知怎样走才好。"命定"是不用说了；从孩子们那一面说，他们该怎样长大，也正是可以忧虑的事。我是个彻头彻尾自私的人，做丈夫已是勉强，做父亲更是不成。自然，

"子孙崇拜""儿童本位"的哲理或伦理，我也有些知道；既做着父亲，闭了眼抹杀孩子们的权利，知道是不行的。可惜这只是理论，实际上我是仍旧按照古老的传统，在野蛮地对付着，和普通的父亲一样。近来差不多是中年的人了，才渐渐觉得自己的残酷；想着孩子们受过的体罚和叱责，始终不能辩解——像抚摸着旧创痕那样，我的心酸溜溜的。

有一回，读了有岛武郎《与幼小者》的译文，对了那种伟大的、诚挚的态度，我竟流下泪来了。去年父亲来信，问起阿九，那时阿九还在白马湖呢；信上说，"我没有耽误你，你也不耽误他才好"。我为这句话哭了一场；我为什么不像父亲的仁慈？我不该忘记，父亲怎样待我们来着！人性许真是二元的，我是这样的矛盾；我的心像钟摆似的来去。

你读过鲁迅先生的《幸福的家庭》么？我的便是那一类的"幸福的家庭"！每天午饭和晚饭，就如两次潮水一般。先是孩子们你来他去地在厨房与饭间里查看，一面催我或妻发"开饭"的命令。急促繁碎的脚步，夹着笑和嚷，一阵阵袭来，直到命令发出为止。他们一递一个地跑着喊着，将命令传给厨房里的佣人；便立刻抢着回来搬凳子。于是这个说："我坐这儿！"那个说："大哥不让我！"大哥却说："小妹打我！"我给他们调解，说好话。但是他们有时候很固执，我有时候也不耐烦，这便用着叱责了；叱责还不行，不由自主地，我的沉重的手掌便到他们身上了。于是哭的哭，坐的坐，局面才算定了。接着可又你要大碗，他要小碗，你说红筷子好，他说黑筷子好；这个要干饭，那个要稀饭，要茶要汤，要鱼要肉，要豆腐，要萝卜；你说他菜多，他说你菜好。妻是照例安慰着他们，但这显然是太迂缓了。我是个暴躁的人，怎么等得及？不用说，用老法子将他们立刻征服了；虽然有哭的，不久也就抹着泪捧起碗了。吃完了，纷纷爬下凳子，桌上是饭粒呀，汤汁呀，骨头呀，渣滓呀，加上纵横的筷子，欹斜的匙子，就如一块花花绿绿的地图模型。

吃饭而外，他们的大事便是游戏。游戏时，大的有大主意，小的有小主意，各自坚持不下，于是争执起来；或者大的欺负了小的，或者小的竟欺负了大的，被欺负的哭着嚷着，到我或妻的面前诉苦；我大抵仍旧要用老法子来判断的，但不理的时候也有。最为难的，是争夺玩具的时候：这一个的与那一个的是同样的东西，却偏要那一个的；而那一个便偏不答应。在这种情形之下，不论如何，终于是非哭了不可的。

这些事件自然不至于天天全有，但大致总有好些起。我若坐在家里看书或写什么东西，管保一点钟里要分几回心，或站起来一两次的。若是雨天或礼拜日，孩子们在家的多，那么，摊开书竟看不下一行，提起笔也写不出一个字的事，也有过的。我常和妻说："我们家真是成日的千军万马呀！"有时是不但"成日"，连夜里也有兵马在进行着，在有吃乳或生病的孩子的时候！

我结婚那一年，才十九岁。二十一岁，有了阿九；二十三岁，又有了阿菜。那时我正像一匹野马，哪能容忍这些累赘的鞍鞯、辔头和缰绳？摆脱也知是不行的，但不自觉地时时在摆脱着。现在回想起来，那些日子，真苦了这两个孩子；真是难以宽宥的种种暴行呢！

阿九才两岁半的样子，我们住在杭州的学校里。不知怎的，这孩子特别爱哭，又特别怕生人。一不见了母亲，或来了客，就哇哇地哭起来了。学校里住着许多人，我不能让他扰着他们，而客人也总是常有的；我懊恼极了，有一回，特地骗出了妻，关了门，将他按在地上打了一顿。这件事，妻到现在说起来，还觉得有些不忍；她说我的手太辣了，到底还是两岁半的孩子！我近年常想着那时的光景，也觉黯然。阿菜在台州，那是更小了；才过了周岁，还不大会走路。也是为了缠着母亲的缘故吧，我将她紧紧地按在墙角里，直哭喊了三四分钟；因此生了好几天病。妻说，那时真寒心呢！但我的苦痛也是真的。

我曾给圣陶写信，说孩子们的折磨，实在无可奈何；有时竟觉得还是自杀的好。这虽是气愤的话，但这样的心情，确也有过的。后来孩子是多起来了，磨折也磨折得久了，少年的锋棱渐渐地钝起来了；加以增长的年岁增长了理性的裁制力，我能够忍耐了——觉得从前真是一个"不成材的父亲"，如我给另一个朋友信里所说。但我的孩子们在幼小时，确比别人的特别不安静，我至今还觉如此。我想这大约还是由于我们抚育不得法；从前只一味地责备孩子，让他们代我们负起责任，却未免是可耻的残酷了！

正面意义的"幸福"，其实也未尝没有。正如谁所说，小的总是可爱，孩子们的小模样、小心眼儿，确有些教人舍不得的。阿毛现在五个月了，你用手指去拨弄她的下巴，或向她做趣脸，她便会张开没牙的嘴格格地笑，笑得像一朵正开的花。她不愿在屋里待着；待久了，便大声儿嚷。妻常说："姑娘又要出去溜达了。"她

122

说她像鸟儿般，每天总得到外面溜一些时候。闰儿上个月刚过了三岁，笨得很，话还没有学好呢。他只能说三四个字的短语或句子，文法错误，发音模糊，又得费气力说出；我们老是要笑他的。他说"好"字，总变成"小"字；问他"好不好"，他便说"小"，或"不小"。我们常常逗着他说这个字玩儿；他似乎有些觉得，近来偶然也能说出正确的"好"字了——特别在我们故意说成"小"字的时候。他有一只搪瓷碗，是一毛来钱买的；买来时，老妈子教给他，"这是一毛钱"。他便记住"一毛"两个字，管那只碗叫"一毛"，有时竟省称为"毛"。这在新来的老妈子，是必需翻译了才懂的。他不好意思，或见着生客时，便咧着嘴痴笑；我们常用了土话，叫他作"呆瓜"。他是个小胖子，短短的腿，走起路来，蹒跚可笑；若快走或跑，便更"好看"了。他有时学我，将两手叠在背后，一摇一摆的；那是他自己和我们都要乐的。

他的大姊便是阿菜，已是七岁多了，在小学校里念着书。在饭桌上，一定得唛唛地报告些同学或他们父母的事情；气喘喘地说着，不管你爱听不爱听。说完了总问我："爸爸认识么？""爸爸知道么？"妻常禁止她吃饭时说话，所以她总是问我。她的问题真多：看电影便问电影里的是不是人，是不是真人，怎么不说话。看照相也是一样。不知谁告诉她，兵是要打人的。她回来便问，兵是人么？为什么打人？近来大约听了先生的话，回来又问张作霖的兵是帮谁的，蒋介石的兵是不是帮我们的。诸如此类的问题，每天短不了，常常闹得我不知怎样答才行。她和闰儿在一处玩儿，一大一小，不很合式，老是吵着哭着。但合式的时候也有：譬如这个往床底下躲，那个便钻进去追着；这个钻出来，那个也跟着——从这个床到那个床，只听见笑着、嚷着、喘着，真如妻所说，像小狗似的。现在在京的，便只这三个孩子；阿九和转儿是去年北来时，让母亲暂时带回扬州去了。

阿九是欢喜书的孩子。他爱看《水浒》《西游记》《三侠五义》《小朋友》等；没有事便捧着书坐着或躺着看。只不欢喜《红楼梦》，说是没有味儿。是的，《红楼梦》的味儿，一个十岁的孩子，哪里能领略呢？去年我们事实上只能带两个孩子来；因为他大些，而转儿是一直跟着祖母的，便在上海将他俩丢下。我清清楚楚记得那分别的一个早上。我领着阿九从二洋泾桥的旅馆出来，送他到母亲和转儿住着的亲戚家去。妻嘱咐说："买点吃的给他们吧。"我们走过四马路，到一家茶食铺里。阿九说要熏鱼，我给买了；又买了饼干，是给转儿的。便乘电车到海宁路。下车时，看着他的害怕与累赘，很觉恻然。到亲戚家，因为就要回旅馆收拾上船，只说了一两句话便出来；转儿望望我，没说什么，阿九是和祖母说什么去了。我回头看了他们一眼，硬着头皮走了。

后来妻告诉我，阿九背地里向她说："我知道爸爸欢喜小妹，不带我上北京去。"其实这是冤枉的。他又曾和我们说："暑假时一定来接我啊！"我们当时答应着；但现在已是第二个暑假了，他们还在迢迢的扬州待着。他们是恨着我们呢，还是惦着我们呢？妻是一年来老放不下这两个，常常独自暗中流泪；但我有什么法子呢！想到"只为家贫成聚散"一句无名的诗，不禁有些凄然。转儿与我较生疏些。但去年离开白马湖时，她也曾用了生硬的扬州话（那时她还没有到过扬州呢），和那特别尖的小嗓子向着我："我要到北京去。"她晓得什么北京？只跟着大孩子们说罢了；但当时听着，现在想着的我，却真是抱歉呢。这兄妹俩离开我，原是常事，离开母亲，虽也有过一回，这回可是太长了；小小的心儿，知道是怎样忍耐那寂寞来着！

我的朋友大概都是爱孩子的。少谷有一回写信责备我，说儿女的吵闹，也是很有趣的，何至可厌到如我所说；他说他真不解。子恺为他家华瞻写的文章，真是"蔼然仁者之言"。圣陶也常常为孩子操心：小学毕业了，到什么中学好呢？——这样的话，他和我说过两三回了。我对他们只有惭愧！可是近来我也渐渐觉着自己的责任。我想，这一该将孩子们团聚起来，其次便该给他们些力量。我亲眼见过一个爱女儿的人，因为不曾好好地教育她们，便将她们荒废了。他并不是溺爱，只是没有耐心去料理她们，她们便不能成材了。我想我若照现在这样下去，孩子们也便危险了。我得计划着，让他们渐渐知道怎样去做人才行。但是要不要他们像我自己呢？这一层，我在白马湖教初中学生时，也曾从师生的立场上问过丏尊，他毫不踌躇地说："自然。"近来与平伯谈起教子，他却答得妙："总不希望比自己坏。"是的，只要不"比自己坏"就行，"像"不"像"倒是不在乎的。职业、人生观等，还是由他们自己去定的好；自己顶可贵，只要指导，帮助他们去发展自己，便是极贤明的办法。

予同说："我们得让子女在大学毕了业，才算尽了责任。"SK说："不然，要看我们的经济，他们的材质与志愿；若是中学毕了业，不能或不愿升学，便去做别的事，譬如做工人吧，那也并非不行的。"自然，人的好坏与成败，也不尽靠学校教育；说是非大学毕业不可，也许只是我们的偏见。在这件事上，我现在毫不能有一定的主意；特别是这个变动不居的时代，知道将来怎样？好在孩子们还小，将来的事且等将来吧。目前所能做的，只是培养他们基本的力量——胸襟与眼光；孩子们还是孩子们，自然说不上高的远的，慢慢从近处小处下手便了。这自然也只能先按照我自己的样子："神而明之，存乎其人。"光辉也罢，倒霉也罢，平凡也罢，让他们各尽各的力去。我只希望如我所想的，从此好好地做一回父亲，便自称心满意。——想到那"狂人""救救孩子"的呼声，我怎敢不悚然自勉呢？

再论《我的儿子》

胡适

一、汪长禄先生来信

昨天上午我同太虚和尚访问先生，谈起许多佛教历史和宗派的话，耽搁了一点多钟的工夫，几乎超过先生平日见客时间的规则五倍以上，实在抱歉得很。后来我和太虚匆匆出门，各自分途去了。晚边回寓，我在桌子上偶然翻到最近《每周评论》的文艺那一栏，上面题目是《我的儿子》四个字，下面署了一个"适"字，大约是先生做的。这种议论我从前在《新潮》《新青年》各报上面已经领教多次，不过昨日因为见了先生，加上"叔度汪汪"[1]的印

1　叔度汪汪：东汉高士黄宪字叔度，以才学操守为名流所敬重。后世用作咏高士的典故。

象，应该格外注意一番。我就不免有些意见，提起笔来写成一封白话信，送给先生，还求指教指教。

大作说，"树本无心结子，我也无恩于你"。这和孔融所说的"父之于子当有何亲……""子之于母亦复奚为……"差不多同一样的口气。我且不去管他。下文说的，"但是你既来了，我不能不养你教你，那是我对人道的义务，并不是待你的恩谊"。这就是做父母一方面的说法。换一方面说，做儿子的也可模仿同样口气说道："但是我既来了，你不能不养我教我，那是你对人道的义务，并不是待我的恩谊。"那么两方面凑泊起跛形的义务者，他一方面变成了跛形的权利者，实在未免太不平等了。平心而论，旧时代的见解，好端端生在社会一个人，前途何等遥远，责任何等重大，为父母的单希望他做他俩的儿子，固然不对。但是照先生的主张，竟把一般做儿子的抬举起来，看作一个"白吃不回账"的主顾，那又未免太"矫枉过正"罢[1]。

现在我且丢却亲子的关系不谈，先设一个譬喻来说。假如有位朋友留我在他家里住上若干年，并且供给

1　罢：同"吧"，下同。

我的衣食，后来又帮助我的学费，一直到我能够独立生活，他才放手。虽然这位朋友发了一个大愿，立心做个大施主，并不希望我些须[1]报答，难道我自问良心能够就是这么拱拱手同他离开便算了吗？我以为亲子的关系，无论怎样改革，总比朋友较深一层。就是同朋友一样平等看待，果然有个鲍叔再世，把我看作管仲一般，也不能够"不是待我的恩谊"罢。

大作结尾说道："我要你做一个堂堂的人，不要你做我的孝顺儿子。"这话我倒并不十分反对。但是我以为应该加上一个字，可以这么说："我要你做一个堂堂的人，不单要你做我的孝顺儿子。"为什么要加上这一个字呢？因为儿子孝顺父母，也是做人的一种信条，和那"悌弟""信友""爱群"等是同样重要的。旧时代学说把一切善行都归纳在"孝"字里面，诚然流弊百出，但一定要把"孝"字"驱逐出境"，划在做人事业范围以外，好像人做了孝子，便不能够做一个堂堂的人。换一句话，就是人若要做一个堂堂的人，便非打定主意做一个不孝之子不可。总而言之，先生把"孝"字看得与做人的信条立在相

---

1 须：同"许"。

反的地位。我以为"孝"字虽然没有"万能"的本领，但总还够得上和那做人的信条凑在一起，何必如此"雷厉风行"硬要把他"驱逐出境"呢？

前月我在一个地方谈起北京的新思潮，便联想到先生个人身上。有一位是先生的贵同乡，当时插嘴说道："现在一般人都把胡适之看作洪水猛兽一样，其实适之这个人旧道德并不坏。"说罢，并且引起事实为证。我自然是很相信的。照这位贵同乡的说话推测起来，先生平日对于父母当然不肯做那"孝"字反面的行为，是决无疑义了。我怕的是一般根底浅薄的青年，动辄抄袭名人一两句话，敢于扯起幌子，便"肆无忌惮"起来。打个比方，有人昨天看见《每周评论》上先生的大作，也便可以说道："胡先生教我做一个堂堂的人，万不可做父母的孝顺儿子。"久而久之，社会上布满了这种议论，那么任凭父母老病冻饿以至于死，却可以不去管他了。我也知道先生的本意无非看见旧式家庭过于"束缚驰骤"，急急地要替他调换空气，不知不觉言之太过，那也难怪。从前朱晦庵[1]

1　朱晦庵: 即"朱熹"。中国南宋时期理学家、思想家、哲学家、教育家、诗人。

说得好，"教学者如扶醉人"，现在的中国人真算是大多数醉倒了。先生可怜他们，当下告奋勇，使一股大劲，把他从东边扶起。我怕是用力太猛，保不住又要跌向西边去。那不是和没有扶起一样吗？万一不幸，连性命都要送掉，那又问谁叫冤呢？

我很盼望先生有空闲的时候，再把那"我的父母"四个字做个题目，细细地想一番。把做儿子的对于父母应该怎样报答的话（我以为一方面做父母的儿子，同时在他方面仍不妨做社会上一个人），也得咏叹几句，"恰如分际"，"彼此兼顾"，那才免得发生许多流弊。

二、我答汪先生的信

前天同太虚和尚谈论，我得益不少。别后又承先生给我这封很诚恳的信，感谢之至。

"父母于子无恩"的话，从王充、孔融以来，也很久了。从前有人说我曾提倡这话，我实在不能承认。直到今年我自己生了一个儿子，我才想到这个问题上去。我想这个孩子自己并不曾自由主张要生在我家，我们做父母的不曾得他的同意，就糊里糊涂地给了他一条生命。况且我们也并不曾有意送给他这条生命。我们既无意，如何能居功？如何能自以为有恩于他？他既无意求生，我们生了他，我们对他只有抱歉，更不能"市恩"[1]了。我们糊里糊涂地替社会上添了一个人，这个人将来一生的苦乐祸福，这个人将来在社会上的功罪，我们应该负一部分的责任。说得偏激一点，我们生一个儿子，就好比替他种下了祸根，又替社会种下了祸根。他也许养成坏习惯，做一个短命浪子；他也许更堕落下去，做一个军阀派的走狗。所以我们"教他养他"，只是我们自己减轻罪过的法子，只是我们种下祸根之后自己补过弥缝的法子。这可以说是恩典吗？

我所说的，是从做父母的一方面设想的，是从我个人对于我自己的儿子设想的，所以我的题目是"我的儿子"。我的意思是要我这个儿子晓得我对他只有抱歉，决不居功，决不市恩。至于我的儿子将来怎样待我，那是他自己的事。我决不期望他报答我的恩，因为我已宣言无恩于他。

先生说我把一般做儿子的抬举起来，看作一个"白吃

1　市恩：谓以私惠取悦于人。

不还账"的主顾。这是先生误会我的地方。我的意思恰同这个相反。我想把一般做父母的抬高起来，叫他们不要把自己看作一种"放高利债"的债主。

先生又怪我把"孝"字驱逐出境。我要问先生，现在"孝子"两个字究竟还有什么意义？现在的人死了父母都称"孝子"。孝子就是居父母丧的儿子（古书称为"主人"），无论怎样忤逆不孝的人，一穿上麻衣，戴上高粱冠，拿着哭丧棒，人家就称他作"孝子"。

我的意思以为古人把一切做人的道理包在"孝"字里，故战阵无勇，莅官不敬，等等都是不孝。这种学说，先生也承认他流弊百出。所以我要我的儿子做一个堂堂的人，不要他做我的孝顺儿子。我的意想以为"一个堂堂的人"决不至于做打爹骂娘的事，决不至于对他的父母毫无感情。

但是我不赞成把"儿子孝顺父母"列为一种"信条"。易卜生的《群鬼》里有一段话很可研究（《新潮》第五号页八五一）：

> （孟代牧师）你忘了没有，一个孩子应该爱敬他的
>
> 父母？

（阿尔文夫人）我们不要讲得这样宽泛。应该说："欧士华应该爱敬阿尔文先生（欧士华之父）吗？"

这是说，"一个孩子应该爱敬他的父母"是耶教一种信条，但是有时未必适用。即如阿尔文一生纵淫，死于花柳毒，还把遗毒传给他的儿子欧士华，后来欧士华毒发而死。请问欧士华应该孝顺阿尔文吗？若照中国古代的伦理观念自然不成问题。但是在今日可不能不成问题了。假如我染着花柳毒，生下儿子又聋又瞎，终生残废，他应该爱敬我吗？又假如我把我的儿子应得的遗产都拿去赌输了，使他衣食不能完全，教育不能得着，他应该爱敬我吗？又假如我卖国主义，做了一国一世的大罪人，他应该爱敬我吗？

至于先生说的，恐怕有人扯起幌子，说，"胡先生教我做一个堂堂的人，万不可做父母的孝顺儿子"。这是他自己错了。我的诗是发表我生平第一次做老子的感想，我并不曾教训人家的儿子！

总之，我只说了我自己承认对儿子无恩，至于儿子将来对我作何感想，那是他自己的事，我不管了。

先生又要我做"我的父母"的诗。我对于这个题目，也曾有诗，载在本报第一期和《新潮》第二期里。

原载 1919 年 8 月 10 日、17 日《每周评论》第 34、35 号

体恤儿子

梁晓声

现在，儿子是一点儿良好的自我感觉也没有了。起码我这个父亲是这么看他的。

由小学生到中学生，他已算颇经历了一些事，或直白说是一些挫折。在学业竞争中呛了几次水，品咂了几次苦涩。

儿子自小就受到邻居的喜爱，"干妈"不少。"干妈"们认他这个"干儿子"，绝非冲着我认的。一个写作者的儿子没有什么稀罕的。在人际关系中对谁都不可能有实际的帮助，犯不着走"干儿子"路线，迂回巴结。当然也绝非冲着他亲妈认的。他亲妈即我的"内人"乃工人阶级之一员，更是谁都犯不着讨好的。别人喜爱他，纯粹是因为他自己有招人喜爱之处。长得招人喜爱，虎头虎脑，一副憨样儿。性情招人喜爱，不顽不闹，循规蹈矩，胆子还有些小，内向又文静。

在小学六年里，他由"一道杠"而"两道杠"，由小组长而班委，连续三年是"三好生"。这方面那方面，奖状获了不少。而优于我的一点是，"群众关系"极佳。同学们都乐于跟他交朋友。小学中的儿子，是班里的一个小"首领"，不是靠了争强好胜，而是靠了随和亲善。

六年级下学期，他非常在乎的一件事，便是能否评上"三好生"了。评上了，据他自己讲，就可以被"保送"了。然而儿子小学的最后一次考试，亦即毕业考试，却并没有考好。在我印象中，似乎数学九十六分，语文八十五分，平均九十点五分。结果可想而知，他在全班的名次排到了第二十几名。儿子终于意识到，"保"是绝无希望了！

"但是我们老师说，一百二十三中也不错！以后可能升格为区重点中学呢！"

他这么安慰他自己，也希望他的父亲能从这番话中获得安慰。

我当然有些沮丧，但主要是替他感到的。

我说："儿子，好学生不只出在重点中学里。你能自己往开了想，这一点爸爸赞成。"

在我印象中，一百二十三中是我们那一市区普通得不能再普通的一所中学。然而儿子连这一所中学也没去成。两天后他回到家里，表情从来没有过地抑郁。他说："爸，老师说去一百二十三中的同学，名次必须在二十名以前。"

我说："那，你如果连一百二十三中也去不成的话，能去哪一所中学呢？"

"老师悄悄告诉我，推荐我去北医大附中。"听来倒好像老师们格外惠顾着他似的。而北医大附中，据我想来，已属"最后的退却"了。

我问："你们老师不是说，考卷要发给家长们看的么？"——我这么问，是因为我凭着大人的社会经验，开始起了些疑心的。

"又不发了。"

"为什么？"

"不知道。"

"你自己怎么想？"

"我……怎么想也没用了……"

我说："儿子，听着。如果你希望进一所较好的中学，爸爸是可以试着办一办的，只不过太违反爸爸的性格。但爸爸从来没给你开过一次家长会，觉得很愧疚，也是肯在你感到需要时……"

"爸你别说了！我不怪你。我去北医大附中就是了。"看得出，儿子是不愿使我这个"老爸"做什么违心求人之事的。然而儿子连北医大附中也没去成。第二天他接到同学打来的一个电话后，伤心地哭了。他被分到了一所仿佛是全市最差的中学。

我说："别哭，也许是不一定的事儿呢！"发榜那一天，结果却正是那么一回事儿。只不过他拿回了小学的最后一份"三好学生"证书。于是该轮到我安慰他了。

我说："哪怕最差的中学，只要学生自己努力，也是有可能考上最好的高中的。你难道没有信心做一名这样的中学生？"

他流着泪说："有的……"

于是开学那一天，我亲自送他去报到……

但是他的"干妈"们，和一直关心着他升学去向的我的朋友们，获知消息后，一个个都感到十分意外了，纷纷登门——有的严厉地批评我对子女之不负责任，有的"见义勇为"地向儿子保证着什么……

在正式开学的第三天，儿子转入了一所重点中学——这是我根本没有能力扭转，也不知究竟该怎么去办的事。全靠别人的热心……

如今，上了重点中学的儿子，仅仅一年，性情彻底变了，也成了家中最没有"业余时间"的成员——早晨我还在梦乡之中，他就已经离开家骑着自行车去上学了。晚上，妻子都已经下班了，儿子往往还没回到家里。一回到家里，就一头扎入他自己的小房间，将门关起来。吃过晚饭，搁下饭碗就又回到他的小房间……

有次我问他："在同学中有新朋友了么？"

他摇头。摇过头说："都只顾学习。谁跟谁都没时间建立友谊。"

倒是他小学的同学们，星期天还常一伙一伙地来找他玩儿。瞧着这些小学的学友们在一起那股子亲密劲儿，我真从内心里替孩子们感到忧伤——缺乏友谊，缺少愉悦的时光，整天满脑子是分数、名次和来自家长及学校双方的压力。这样的少年阶段，将来怕是连点儿值得回忆的内容都没了吧？几分之差，往往便意味着名次排列上前后的悬殊。所以为了几分乃至一分半分，他们彼此间的竞争态势，绝不比商人们在商场上的竞争性缓和……

由我的儿子，我也很是体恤中国当代的所有上了中学的孩子们。他们小小年纪，也许是活得最累的一部分中国人了……

尊重孩子的人才能获得
为人父母的全部幸福

[英]伯特兰·罗素 | 黄菡 译

　　父母之乐的源泉有两脉。一方面是感觉自己身体的一部分被外部化了，可以在身体其他部分死亡后更久地活下去，而外部化的部分又可以同样的方式传递，生命的种子因此生生不息。另一方面是权力与温情的紧密结合。

　　新生命弱小无助，父母自然有一种照顾的冲动，这种冲动不仅满足了父母对孩子的爱的需要，也满足了父母对孩子的控制的需要。只要依然觉得孩子弱小无助，对他们的爱便不能被认为是无私的，因为保护自身脆弱之处是人的天性。不过，从孩子很小的时候开始，热衷行使父母权力与关注孩子利益之间就产生了矛盾，对孩子进行控制在一定程度上是天性使然，但孩子也需要尽可能学会在各方面独立，而这对于父母的权力欲来说不是件好事。有些父母从未意识到这种冲突的存在，一直对孩子实施专制，直到孩子开始反抗；另一些父母则是意识到了这个问题，但却为冲突的情感所折磨。

在冲突中他们失去了做父母的幸福。对孩子全心全意地付出之后，发现孩子的成长与自己的期望大相径庭，于是倍感羞辱。他们希望孩子成为战士，孩子却成了和平主义者，或者像托尔斯泰，父母希望他做一个和平主义者，他却参加了黑色百人团(Black Hundreds)。

问题还不限于这些后来的发展。如果孩子能够自己吃饭而你却要喂饭，那就是把控制欲置于孩子的利益之上，虽然在你看来这只是为了减少他的麻烦。如果你让他对危险草木皆兵，可能是试图让他一直依靠你。如果你给他的爱溢于言表期待回报，可能是试图用情感来拴住他。占有欲会千方百计地使父母误入歧途，除非他们十分谨慎或心思单纯。今天的父母意识到了这种风险，有时在应对孩子上便失去了信心，这反倒不如听凭自己犯自然的错误，因为最容易引起孩子心理焦虑的，是他们感觉到成年人缺乏把握和自信。

因此，心思单纯胜过小心谨慎。若是切实渴求孩子的幸福而非自己的权力，无须精神分析的教科书来教导我们该做什么不该做什么，本能就能做出正确引导。那样的亲子关系自始至终是和谐的，孩子没有反抗，父母也没有失落。这要求父母从一开始就要尊重孩子的人格——不是出于道德或智力的原则，而是根植于某种近乎神秘的信仰而排除了占有与压迫。当然，这种态度不仅在亲子关系中需要，在婚姻和友谊中同样需要，尽管在友谊中它更容易出现。虽然这是一个遥不可及的希望，但在一个良好的世界里，人群之间的政治关系理应尽皆如此。虽然人人都渴望温情，但儿童应该被优先考虑，因为他们无助，因为他们弱小无力而被俗世忽略。

在现代社会，只有那些能深刻体会到我一直在谈的对孩子抱持尊重态度的人，才能获得为人父母的全部幸福。因为他们不必为克制自己的控制欲而烦恼，当孩子获得自由时，他们不会像专制的父母那样为梦想幻灭而畏惧。哪怕专制的父母能够对子女权威尽施，抱持尊重态度的父母获得的幸福也会比他们更多。以温情荡涤一切专制倾向，从而带来更美好、更温暖、更能够把日常生活点铁成金的幸福的爱，胜过为在这个变动不居的世界继续保持优越感而拼搏和战斗的人的任何感情。

　　尽管我十分推崇父母情感的价值，但并不因此推导出常见的结论，即母亲应该去照顾孩子的一切。在科学尚未出现、育儿知识全靠女性长辈七零八碎地传给晚辈的年代，这方面的一些风俗习惯是适用的。今天，对于抚养孩子方面的大量教育，做得最好的是那些就此专业进行过专门研究的人。而这些教育中仅有时下关乎"教育"的那部分得到了认可。无论一个母亲多爱她的儿子，人们都不会期望她去教儿子微积分。就学习书本知识而言，人们认可掌握了书本知识的人比胸无点墨的母亲对孩子更有帮助。但是关于孩子教育的其他许多方面，人们却缺乏同样的认识，因为其所需经验尚未被认可。无疑，有些事情由母亲做更好，但随着孩子长大，最好由别人来做的事越来越多。这种观念如果能被普遍接受，那么母亲亲力亲为的烦恼会少很多，因为她们在很多事情上并不擅长。

　　具备任何一种专业技能的女性，即便做了母亲，也应该能够继续发挥她的技能，这对其自身和社会都是有益的。在怀孕后期和哺乳期内她可能很难做到，但孩子九个月大后就不该再是母亲职业活动的不可克服的障碍了。当一个社会要求母亲为孩子做出不合理的牺牲时，除非这个母亲非常高尚，否则她也一定期望从孩子身上获得过度的补偿。传统上称作自我牺牲的母亲，绝大多数情况下对孩子都特别自私，因为为人父母固然重要却只是生活的一部分，若它成为生活的全部则人必有不满足，不满足的父母很可能在情感上变得贪婪。

因此，母亲不应断绝自己所有的兴趣与追求，这对孩子和母亲自身的利益都很重要。如果她确有照顾孩子的志向，且有胜任教育孩子职责的广博知识，那她应该大展雄才，进入包括自己孩子在内的儿童组织专业从事教育。只要达到了国家规定的最低标准，怎样以及由谁来抚养孩子，当然是父母说了算，只是被指定者须有资格。

但是，不能用成见来要求每个母亲都亲自去做有些母亲能做好的事。不少母亲面对孩子会不知所措、力不从心，那就不要犹豫，把孩子交给擅长此事、受过基本培训的女性照顾。女性并没有照顾孩子的天赋本能，对孩子的过度关心不过是占有欲的幌子。许多孩子在心理上被母亲无知和过分敏感的管教伤害了。人们总是认为不能指望父亲给予孩子更多的爱，而孩子对父亲的爱与对母亲的爱并无二致。如果母亲的生活能摆脱不必要的奴役，如果孩子能从早期身心护理的科学知识中受益，将来的母子关系将越发近似于今天的父子关系。

节选自《幸福之路》

有天她会再写信来

[美]F. S. 菲茨杰拉德 | 杨凌蔓 译

最亲爱的斯科蒂娜：

听着收音机里哈佛和普林斯顿的比赛，还有那些老歌，我想起了我过去的岁月，四分之一世纪前的那些日子，而今你也正那样生活。我想象着你在那里的样子，虽然我不知道你是否真的在那里。

我想起很久以前，我有个常给我写信的女儿，而今我不知道她在哪里，在做什么，所以我坐在这里听普契尼——"有天她会再写信来（Pigliano edda ciano）。"

最爱你的

爸爸

1940 年 11 月 2 日

辑四
未来的期许

这个世界，
你要亲自去看看。

孩子，
你可以不成功，但不能不成长

俞敏洪

快乐是快乐之母，钢琴的故事

我女儿从小学钢琴，七岁时获得了"温哥华少儿钢琴比赛"第一名。八岁时就考了钢琴十级。在加拿大，十级是钢琴的最高级。

当时，我太太以为家里就要出一个钢琴家了，于是，她开始给女儿加量。本来是每星期学习一个半小时钢琴，增加到每星期五个小时。这使女儿一下热情骤减，纠结了不到一年，就跟我说："老爸，我不学了，我对钢琴没有兴趣了。"

我看着女儿，心想，这可怎么办呢？我对女儿说："没有兴趣就不学了，不论你学不学钢琴，老爸都知道你曾经是'温哥华少儿钢琴比赛'的第一名。弹不弹钢琴你自己决定，这是老爸对你的一贯原则。"

女儿很高兴地离开了，但是我太太不高兴，她坚持让女儿继续学下去。后来我和太太商量，在这个时期，让孩子停顿一段时间，帮助她安静下来，调整好情绪。因为在我看来，如果孩子没有兴趣，我们仍逼迫她继续学习，就会使她产生逆反心理。

一周后，我和女儿一起去听了一场音乐会。音乐会过后，我对女儿说："宝贝，你看，你钢琴弹得这么好，如果不继续弹下去挺可惜的。你以前学了那么多年，吃了那么多苦，说丢掉就丢掉了，我为你的那些付出感到委屈。以后你上高中、上大学，有同学聚会的时候，如果有同学唱歌，你要是能弹钢琴给他们伴奏，大家会觉得你很厉害的，是不是？还有，我当时让你学琴，是希望你将来能多一个伙伴，知道吗？长大后，每个人都会有很多孤单的时候，如果那时我和妈妈都不在你身边，能有一架钢琴陪伴你，你就不会感觉到孤单了，因为你能倾诉。我也经常有孤单的时候，但是我没有发泄情绪的渠道。有时，我特别希望自己能像你一样会一种乐器，那样我就可以把心中的郁闷、孤独弹出来或吹出来，那样我就会快乐很多。但是我不会，也没时间去学。所以，我不希望你将来像我这样，不希望你这么轻易就放弃钢琴，但是，我不会强迫你弹钢琴。"

后来，我发现，当我们不强迫女儿弹钢琴后，她反而自己去练琴了。有时写作业写累了，就去弹十五分钟左右的钢琴，然后继续写作业，写累了就再弹。这样一来，一个星期也能弹两三个小时。

现在，她弹钢琴依然非常流畅，而且也开始对其他乐器感兴趣了。半年前的一天，她说她想学打鼓，我说："好啊，买一套拉回家来练吧。"结果，练了一段时间后，她加入了温哥华青年交响乐队，在乐队里做鼓手。

自信是一点点培养出来的，现在，她和同学们谈起音乐时，不仅有热情，而且很欣赏自己在音乐上的表现。孩子就是这样，快乐会让他们去追求更大的快乐。

三年前，我带她看了一场迪士尼冰上舞蹈，表演者都是前花样滑冰世界冠军，他们都穿着迪士尼服装表演。女儿从小就喜欢去迪士尼，看完之后很兴奋，对我说："我想成为冰上舞蹈冠军。"我心想，这怎么可能呢？

那些冠军都是从六七岁开始学的，现在她已经十一岁了。但我说："好啊，你去学吧。"

在国外，有很多滑冰场，收费也很便宜，一次大约两三美元。我太太给女儿请了一个教练教她学冰上舞蹈。因为她很喜欢，所以很努力，也很用功。平时，她每天八点都不起床，开始学冰上舞蹈以后，六点就去溜冰场练习了。她的动作很优美，教练对她的进步非常满意。可是，有一次，她跳起来做空中旋转三百六十度的动作，落地时一不小心把脚给扭伤了，滑冰的梦想就此破灭了。

后来，她不断发现新的梦想。现在，她又喜欢上了单板滑雪。这是一项对身体协调性和勇敢精神要求很高的运动，但她很愿意去练。我知道，只要热爱，就会有源源不断的动力。上周，她告诉我，今年夏天，她要去参加单板滑雪的活动和比赛。看到女儿对生活的热情日益高涨，我对她的成长也充满了期待。

有美好的心境，才有美好的生活

父母要培养孩子有个美好的心境。我一直觉得，对于孩子来说，书本学习只是学习的一部分，培养他们美好的心境更重要。

什么是美好的心境呢？就是热爱生命、热爱大自然的一种情绪状态。

我们有多少家长曾经晚上带孩子出去看过星星呢？应该不多。前不久，我在网上看到一则新闻：某个省的中考作文题目是："满天的繁星告诉我们什么？"有一个学生只写了一句话："请问老师，星星在哪里？"孩子能不知道星星在哪里吗？肯定知道。但是，孩子确实没有亲眼看见过。

有一次，我带着儿子和女儿去海边。当时正好是阴历十五的晚上，月亮从海上慢慢升起来，我们全家就坐在海边的沙滩上看月亮一点点升起，海浪推着月光一直在我们身边浮动，有一种"海上明月共潮生"的感觉，非常美。

我们大概看了一个半小时，天气慢慢变凉了。我对两个孩子说："有点儿凉了，咱们回去吧。"我女儿说："我不想回去，我要看月亮升到我头顶上。"我陪她坐了三个小时。女儿从来没有这样一动不动地坐这么久，我知道，这种美景对她的心灵是有触动的。

在回去的路上，女儿对我说："我发现世界是一体的。"我问她这话是什么意思。她说："你没发现吗，大海、月亮和人并没有分开？"女儿的话让我觉得，那一晚是有收获的，她对自然有了新的体验和发现。

现在，在我的培养下，女儿特别喜欢大自然。大自然的景色使她的胸怀更博大，增加了她对世界、对生命的热爱。我觉得，在孩子的一生中，客观环境会不断变化，他们能够改变的很有限，只有心境始终属于他们自己。父母帮孩子构建一个美好的心境，有助于他们去超脱世俗的困扰和羁绊，达到一种更高的生命境界，使生活变得雅致、丰盈。

孩子的生命应该有诗意、雅致的部分，他们应该有懂得欣赏一切美好的能力。但是，现在国内的孩子很少有诗意的心情和雅致的生活，因为我们的教育过于急功近利，不给诗意和雅致成长的空间，这一课，父母应该给孩子补上。

其实，"美好"二字在孩子的生活中密不可分，当孩子的心灵充满诗意，处于一种对自然持久热爱的情绪状态时，他们的生活一定是美好的。

成长，比成功更重要

女儿每年回国时，我都会带她去一些贫困地区或少数民族地区走一走。前年，我带她去了青海，去年，我带她去了云南，让她看看贫困地区的孩子是怎样生活的。刚开始，我女儿在农村不敢上厕所，因为有些落后地区的厕所是建在外面的，上面架两块木板，非常简陋。我们是在夏天去的，天气很热，厕所里的木板下面有成千上万条蛆在蠕动。过去她只见过家里和宾馆的厕所，所以面对这样的厕所，她既不习惯，又害怕，但两三个月以后，她也就习惯了。所以说，很多东西是可以练出来的。

今年夏天回国，她独自参加了一个国外支援中国贫困地区农村教学的活动。她把自己穿小了的衣服都整理出来，带过去分给了她教的学生们穿。对此我很欣慰，因为我就是要培养女儿对生活的热爱和对他人的友爱之心。

孩子有两样东西不能少。一是对生命的热爱不能少。不管学业怎么样，哪怕没有读大学，只是读中专、大专，对生命和生活都要充满热爱之情。二是与人合作、与人分享的能力不能少。人是群居动物，相互之间需要给予和温暖，这是一种能力，也是一种责任，要让孩子有意识地承担。

前不久，女儿所在的学校举办了一个领导力培养训练营，只招十五个人。结果，全校有一百多人报名，要考试、填表，还要自己写文章，最后还要面试。我女儿回家跟我说她报名了，准备参加。我和我太太都很吃惊，因为女儿内向，不爱在众人面前讲话。但我和我太太都点头说："好，我们支持你！"可我们心中却为她捏了一把汗。没想到，女儿居然通过了面试。

当时，主考官问她："你原来有领导力的经验吗？你为什么要参加这个领导力培养的训练营呢？"我女儿说："是这样的，我知道我没有领导力经验，但我爸爸是一个特别有领导力的人，他是我崇拜的对象，我要向我爸爸学习，将来做我爸爸那样的人。就因为我现在没有领导力，所以才希望进入这个领导力培养训练营，既为大家服务，也领导大家。"

她的话把考官逗笑了。我对女儿的进步感到很欣慰。现在，她能有这样的表现，说明她在成长，且充满自信，富于理想。

记得一位美国教授曾经对我说："你们中国的孩子活得太累。在他们的人生中，只有两个词—— 一个是'成功'，一个是'拼搏'。"他还很奇怪地问我："你们不给孩子快乐，却口口声声说希望孩子幸福，这可能吗？"

我们确实对成功过于着迷了，但我很清楚，对这一代孩子来说，他们的成功一定是建立在快乐的基础之上的。不然，在世界经济、文化一体化的未来，竞争愈发激烈，没有快乐做基础，他们是走不远的。

作为父亲，我对两个孩子的教育目标有两个，首先是通过快乐的生活体验培养他们积极向上的心态，然后是积极帮助他们成长。我认为，成长比成功更重要。我希望孩子的学习成绩好，希望引导孩子充分发挥潜能，快乐地生活，做最好的自己。

我不止一次对我的女儿说："你可以不成功，但不能不成长。"

写给一名高中生的信

陶勇

这位高一新生：

你好！

接到来信的时候，我开始回想，我自己高一的时候在做什么？我想起来了，那会儿我天天沉溺于街机，三国志、雷电、街头霸王，这些都是我可以打翻版的游戏，一块钱十个币（还是挺贵的，因为烧糠蒸饭是五分钱一盒，十个币可以换二十盒蒸饭）。小学和初中的时候，其实我也没闲着，新华书店里的武侠小说都看遍了。

高一那年，我的成绩从中考的前十名掉到了全年级一百五十余名（一共四百来人）。高二的时候，我爸给我买了一套《七龙珠》的漫画、一套《圣斗士星矢》的漫画，于是觉得街机也不好玩了，还是读书有意思，学习成绩也就恢复了。

在读博士那年，遇到一位准院士级的教授，他告诉我，他儿子在家的时候，接受的是军事化管理，电视不让看，游戏不让玩，儿子高考考上了名校，但大一就退学了，因为接触了网游，成了网瘾少年，不能自拔。我也颇为感慨，不培养点对花花世界的免疫力，还真不行。

自己能找到学习的乐趣和价值，比整天被动坐那儿读书其实大脑一片空白要重要得多。你来信的日子，也刚好是EDG夺冠，"没点儿追求枉少年"，不是吗？今年我四十一岁，我很庆幸，因为我没有在二十岁那年射进自己心里一颗子弹——阿尔贝·加缪："我们四十岁时，死于一颗我们在二十岁那年射进自己心里的子弹。"

所以，孩子，我的第一点建议是，尊重自己的欲望，不必过度苛责自己和压制天性。读刑侦小说算不上不良嗜好，至少可以为你在苦读的无边黑夜里点亮一盏温暖小灯——兴趣之灯。仅仅为了获得高分和排名而努力学习，会不知不觉抹杀获取知识本身带给你的快乐和热爱。文学家赵树理认为，我们应该像"沙里淘金"一样对待学习；如果只是"沙里淘沙"，学习该多么无趣。

孩子，你很幸运，因为在高一的时候，你就有了自己的目标——学医，而事实上，绝大部分人终其一生，也未必有一个清晰的人生目标。我希望你可以把目标变成持久的理想，而不是一时的冲动。

因为走在追求理想的路上，可以持续获得满足感并化为动力，所以脚步永不停歇。詹姆斯·卡斯在《有限与无限的游戏——一个哲学家眼中的竞技世界》一书中写道："世上至少有两种游戏。一种可称为有限游戏，另一种为无限游戏。有限游戏以取胜为目的，而无限游戏以延续游戏为目的。"有限游戏玩的是获得，满足短暂的欲望；无限游戏玩的是使命，带来价值感，实现内心的充盈。我希望医学可以成为你的无限游戏。

所以，我的第二点建议是，用理想驾驭自己的欲望。理想是我们登山攀顶的志向，欲望是沿路驻足欣赏花花草草的想法。理想会经常提醒我们，不要流连在欲望搭建的客栈。

在来信中，你提到了"当我得知想要做一名好医生要读八到十二年的本硕博而且还要克服各种困难时，我内心真的没有一点退缩反而还充满了期待"，这让我着实惊喜。人生有梦不觉寒，向山深去寻真金，做好吃苦的准备，不容易半途而废。

只是，我想提醒，如果不是为了领悟和升华，苦行就和受罪没什么区别。医学的目的是治病救人，这个人也包括自己。萨特有句名言："To believe is to know you believe and to know you believe is not to believe.（真正的相信，是本能地相信；而选择去相信，其实不是真信。）"如果可以在医学的学习中汲取能量，就像我们依赖食物和水一样不假思索，医学作为你的理想就是内化的，这就是"相信"；而如果只是认为医学救死扶伤的行为在别人眼里很伟大，自己告诉自己，应该这样去做，这样去做是对的，这种理智的选择反而是"不相信"。

苹果是红的，这是"相信"；苹果应该是红的，这是"不相信"。给你写回信的这会儿，我扭头一看，我家那女娃儿在看外国片，我正窃喜，难道她开窍了主动学外语。再看两眼，发现是中文配音的版本。其实我敢肯定，即便她看的是英文原片，如果只是抱着学外语的目的去看外国片，那女娃儿再如何理智地提醒自己应该这样做，也坚持不了多久。

所以，我的第三个建议就是，把理想当作行进路上的干粮，而不是压垮人的黄金。尽管在外人眼里，黄金更值钱，但生命真正需要的，只是干粮。

162

作家麦家说过，"年轻人容易心碎，年龄大了容易嘴碎"。果然，你看我这唠唠叨叨半天。不说了，祝福你，等你。

别把志向变成了桎梏

戴建业

　　大家知道，中国很多人生格言常常自相矛盾，你不知道该信哪一句为好。譬如一边说"知无不言，言无不尽"，一边又说"话到嘴边留三分，未可全抛一片心"；一边鼓励"锲而不舍"，一边又反对"一条道走到黑"。

　　这种相互打架的人生格言，双方说的都有道理，但双方都不能过于绝对，既要看用在什么地方，也要看是什么对象。

　　成语中这种情况更多，一下说做人应当"矢志不渝"，一下又说为人应当"随机应变"，到底应该变还是不变呢？

　　"有志者事竟成"虽然很励志，可实际情况恰好相反，你们环顾一下自己的身边，立下大志的人很多，成就大业的人极少。

一般来说，胸有大志当然是件好事，但特殊情况下它也可能成为坏事。大志有时是激励人的动力，有时又是束缚人的绳索。

同学们肯定会说，你这样绕来绕去把人绕糊涂了，到底应该树立人生理想，还是应该随遇而安呢？

我认为一个年轻人应该树立自己的人生理想，至少应该有一个短期的奋斗目标，这样你才会有努力的方向。没有远期和近期的人生规划，你的精神可能会陷入困惑迷茫，整个人可能会完全松懈疲沓，甚至可能浑浑噩噩地混一生。司马光《答陈充秘校书》里的一则名言，一直是我人生的座右铭："夫射者必志于的，志于的而不中者有矣，未有不志于的而中者也。"

这段话既形象又深刻：射箭的人志在射中靶子，可能有树了靶子而没中靶的，绝对没有未树靶子却中了靶的。

要射箭肯定要树个靶子，要奋斗肯定要树立目标。

我以一个高考过来人的身份，和同学及家长们谈几点意见——

一、目标要切近实际，不能过于远大。

家长对孩子不能要求太高，同学们对自己也不能要求太高。目标过于远大，如一定要考上名校，这是和自己过不去。希望考上名牌大学，也要有勇气接受现实，这样你就没有半点压力，你的高中三年就很潇洒，你高考时也很轻松。

目标写得太高具有双重危害：一方面徒然增加许多心理压力，另一方面又减少了许多人生乐趣。假如把高考的目标定在北大，那你考上了复旦也很沮丧；假如把目标定在考取一本，那你考取任何一所211高校都高兴异常，要是被复旦录取更是乐翻了天。同学们不知有没有这样的经历，冬天第一次穿毛外套时突然从口袋里掏出了五十元钱，那种感觉比吃涮羊肉还舒服，本来是自己分内的东西，却给了自己意外的惊喜，原因是你根本没想到口袋里还有五十元。

二、家长不能让孩子去完成自己的心愿。

有的父母一直为自己当年没上名牌大学遗憾，发誓要不惜一切代价让小孩进名牌大学。我想提醒一下家长朋友，每个人有自己的人生，我们不能代替孩子过一生。再说，你当年怎么不考上名牌大学呢？自己做不到的事情，却强行要孩子做到，自己完不成的人生任务，却强迫孩子来完成，这是让孩子来成就你的人生，真是既不合情也不合理。

家长朋友可能有所不知，你自己实现人生目标尚且不易，要别人实现自己的人生目标那就更难。自己奋斗还操之在己，要别人奋斗得求之于人。自己想发愤读书，你可以暗暗刻苦努力，要想让小孩发愤读书，你可能要磨破无数张嘴皮。

很多父母要小孩考上名牌大学，表面上看来是在疼爱孩子，骨子里是在疼爱你自己，因为小孩考上名牌大学后，你自己在人前人后都扬眉吐气。对孩子过高的期望值，哪怕你不在嘴上说出来，它对孩子也是一种无形的压力。现在很多孩子都是独生子，家中爷爷奶奶、外公外婆、爸爸妈妈，成天六对眼睛指望自己成龙成凤，放在任何人身上都会被压得喘不过气来。从小培养小孩良好的学习习惯，养成他们浓厚的学习兴趣，帮他们树立积极的人生态度，这是家长给孩子最好的礼物，也是家长唯一可做的事情。

我们把"成功"定得过于狭隘，"有名有利"是"人生赢家"的标配。其实，名也好，利也罢，终极目的还是要使我们幸福，而真正的幸福是精神上的充实、从容和潇洒。为了平复家长朋友紧张的心情，劝大家读读晚明陈继儒的《清平乐·闲居书付儿辈》：

有儿事足，一把茅遮屋。若使薄田耕不熟，添个新生黄犊。闲来也教儿孙，读书不为功名。种竹浇花酿酒，世家闭户先生。

我对陈继儒一向不太感冒，他在《小窗幽记》中谈"醒"说"情"，处处显示了他的人情练达，可总觉得其人其文都有点附庸风雅。早年我也不喜欢这首词，它不那么"积极进取"也就罢了，还有那么点儿装超然装恬淡，陈继儒一生都有那么点"装"。随着脸上的皱纹不断加深，我对人也越来越宽容。对于今天这个浮躁得快要飘起来的社会，对于把名利视为唯一目的的家长，"读书不为功名"算得上一服清凉剂。

三、人的一生偶然性太多，规划永远跟不上变化，很多人生规划最后都成了人生鬼话。

你们随便去大街上看看，很多瘪三混混娶到了漂亮太太，很多庸俗丑妻挽着帅气先生，人们常把这叫作"福气"或"运气"，实际上它就是人生的偶然性。有野心也有能力的人，不一定就能成就大业，既无大志也无大才的人，也可能歪打正着一鸣惊人。

后者最好的例子是田中耕一，他在日本东北大学学电气工程，在大学里学习成绩一直不好，很长时间害怕自己不能顺利毕业，找工作时连吃了几次闭门羹。他学的专业是电气工程，与化学和生化绝缘，但荣获的却是诺贝尔化学奖。起因是一次误将甘油倒进了钴里，他竟然误闯误撞获得了重大的科技突破，解决了困扰化学家多年的学术难题。有道是：踏破铁鞋无觅处，得来全不费工夫。获奖时全日本都找不到他的学术信息，他自己开始也以为是恶作剧。

柳宗元和刘禹锡则属于前者，他们是那种典型的倒霉鬼。柳、刘二人是唐代著名的文学家和政治家，贞元九年（793年）他们同榜中进士，柳才二十一岁，刘也只二十二岁。他们既有出群的文学才华，也有出色的政治才干。在同辈眼中他们都是"宰辅之器"，可他们非但没有成为宰辅，还差点被朝廷给宰了。他们是王叔文集团永贞革新的主将，革新失败后又同为"八司马"之一。柳贬永州司马，刘贬朗州司马。十年之后，柳再贬为柳州刺史，刘改贬为连州刺史。四年后柳死于贬所，而刘禹锡四年后因母丧离开连州。刘丁忧期满又接着外放夔州、和州刺史，回到洛阳时前后贬了二十三个年头。返洛阳前与好友白居易相逢于扬州，为我们留下了两首酬唱的杰作：

醉赠刘二十八使君

白居易

为我引杯添酒饮，与君把箸击盘歌。

诗称国手徒为尔，命压人头不奈何。

举眼风光长寂寞，满朝官职独蹉跎。

亦知合被才名折，二十三年折太多。

酬乐天扬州初逢席上见赠

刘禹锡

巴山楚水凄凉地，二十三年弃置身。

怀旧空吟闻笛赋，到乡翻似烂柯人。

沉舟侧畔千帆过，病树前头万木春。

今日听君歌一曲，暂凭杯酒长精神。

柳、刘创作上都才华过人，科场上都捷足先登，可他们一身的才气和早年的风光，换来的却是长期的贬谪流放。"二十三年折太多"！刘禹锡因"才名"折了二十三年，柳宗元更因"才名"折了命。家长要引导自己的孩子学习刘禹锡，以一种豁达的态度对待挫折，这样才会像刘禹锡那样笑到最后。刘贬到朗州后仍然"诗情到碧霄"，到六七十岁照样"为霞尚满天"，最终在政坛上熬过了对手，二十多年后不无自豪地说，"种桃道士归何处？前度刘郎今又来"。

有志向才能激发我们的斗志，我们当然应该"矢志"，确立人生的长远目标，订立自己的短期规划，同时要明白"志向"只是主观期许，我们的生存境遇随时变化，有时还可能把我们抛入逆境。俗话说"人算不如天算"，同学们要是不知道"转弯"，"逆境"就会将我们逼到"绝境"。

假如让我再活一次，我的人生态度大概是："矢志"当然必须，"不渝"就大可不必。

西方人也说，我们改变不了风的方向，但我们可以调整风帆的朝向。

"条条道路通罗马"，可以不放弃最终的人生目标，只随时调整实现目标的手段。

"人生无处不青山"，哪里的井水都活人，干吗一定要跑到罗马呢？也可以调整原来的人生目标，当不成诗人就去做商人，无法科研就想法从政，企业亏本转做其他经营……

同学们不要忘了"一切皆有可能"，千万别把早年的志向，变成了自己终生的桎梏。

只知道一条道走到黑，就只能在一棵树上吊死。

同学们，高考前夕要学会给自己减压，高考不是你人生最后的机会，只要永远保持青春的活力，你们前面还有无数的"天赐良机"。

不管你们备考有多忙，北方的同学们，切莫冷落了"白日地中出，黄河天外来"，南方的同学们，也不要错过了"江流宛转绕芳甸，月照花林皆似霰"。每天清晨，都要快乐地迎接旭日东升，每天傍晚，都要轻松地送走西边的晚霞。

把每天都过得很充实，让每天都活得很从容，用不着"我拿青春赌明天"，更用不着"留一半清醒留一半醉"，你们不只是"潇洒走一回"，我祝愿大家将来潇洒走一生。

别让任何人看轻你的爱

[美]约翰·斯坦贝克 | 杨凌蔓 译

亲爱的汤姆：

今晨我们收到了你的信。我把我想说的写在回信里，伊莱恩也会把她的想法写在她的回信里。

首先我想和你说——如果你恋爱了，那是很好的事，对任何人来说爱情可能都是此生能遇见的最美好的事。别让任何人看轻你的爱。

然后我想告诉你——世上有各种各样的爱情。有一种任性、卑劣、贪婪、以自我为中心的爱，只是利用爱让自己显得高大，这是种丑陋的、残缺的爱。另一种爱会让你心中的美好喷涌而出善良、体贴、尊重，不仅仅是那种符合社会礼仪的尊重，而是将他人看作是独一无二的、有价值的个体，从而怀有一份更深的敬意。第一种爱会让你变糟，变得渺小、虚弱；而第二种爱会激发你的力量，你会变得更勇敢、善良，乃至充满智慧，甚至连你自己都未曾觉知。

你说这爱绝非儿戏。若你感触如此之深，那这份感情当然不会是儿戏。

但我想你写信来不是要和我讨论你的感受如何。你比任何人都清楚自己的感受。你想要的是让我告诉你该怎么做才好——这也是我可以和你说说的。

你应以你的爱为荣，怀着感激与欢喜。

爱包含着最美最好的意义。你应尽力无愧于爱。

若你爱着谁，表白是不会伤人的，但你也要知道这世上毕竟有些很害羞的人，你表达爱意时也要顾虑到对方的感受。

你的爱意，即使不说出口，女孩子们往往也能感受得到；但她们也很乐意听你亲口说出来。

有时出于这样或那样的原因，你的感情没能得到回应，但这并不意味着你的感情是没价值的，或是不够好。

最后我想告诉你，我明白你的感受，这感受我也有过，现在你也体会了，我为你高兴。

若有机会见到苏珊，我们会很开心。她会受到热烈的欢迎。伊莱恩会张罗好的，她很擅长，也很乐意这么做。关于爱她有很多领悟，也许她能给你的帮助会比我多。

还有，不要担忧失败。当一切恰到好处，事情会自然而然地发生。最重要的是不要慌忙，美好的事物不会轻易消散。

爱你的爸

纽约

1958 年 11 月 10 日

从何而来的天赋

[法] 让 - 亨利 · 法布尔 | 戚译引 译

　　我们有自己的本能，当其中一些本能登峰造极，远超平庸的时候，就被称为天分。非凡从庸俗之辈中脱颖而出，让我们惊叹；光芒在寻常暗夜中闪闪发亮，令我们着迷。我们崇拜他们身上绽放的种种才华，又不明白它们从何而来，于是我们说："他们真有天分。"

　　艺术和科学，工业和商业，文学和哲学，在各个领域活动的其他人也是如此。我们从一开始就拥有一个萌芽，它将我们与庸俗之辈区分开来。这种特性从何而来？有人说它来自遗传的点化：遗传或直接或间接地将它传递给我们，而时间让遗传增强或改变。只要追溯家族档案，你就会找到天赋的源头，它始于涓涓细流，化作滚滚洪流。

我想知道在我的种种本能中，支配其他本能的那一种来自何处。

如果有必要肯定我对昆虫世界的好奇心，我就不再犹豫了。是的，我感觉到了天赋，这种本能驱使我频繁光顾这个奇异的世界；是的，我承认我擅长将宝贵的时间花在研究上，这些时间还不如用来抵御老年的痛苦；是的，我承认自己是热情的昆虫观察者。在我的生命中，这种独特的倾向既折磨着我，又令我快乐。它是如何发展起来的？首先，遗传自什么？

作为劳动者，即这个蜂群中卑微的工蜂，我对家族的记忆很贫乏。往上数两代之后，我的档案就突然被黑暗吞没了。我将在此停留片刻，这有两个原因：让我自己理解遗传的影响，以及为我的家人留下一份记录，记下和他们有关的信息。

我从未见过外祖父。有人告诉我，这位可敬的祖先在鲁埃格的一个极贫困的社区当公务员，在印花公文纸上用笨拙的大字抄写公文。他带着装满墨水和羽毛笔的文具袋，四处奔波起草文书，从一个穷困潦倒的人家走到另一个穷困潦倒的人家。在那种充满纷争的环境里，这个底层文化人忙于应对生活的艰辛，当然对昆虫毫不在意。他顶多偶尔碰上虫子，然后一脚踩死它。那无名的虫子也许会干坏事，不值得进一步了解。

至于外祖母，她只知道做家务和盘念珠，对其他一切事物甚至更加陌生。对于像她那样不相信盖着国家公章文件的人来说，字母就像天书一样，除了干扰视线之外没有任何用处。在她那个年代，小人物里面有谁会关心如何阅读和写作？只有公证人享有这种奢侈，不能滥用它。

不必说，昆虫是她最不关心的事情了。如果她在泉水边洗生菜的时候，在菜叶子上发现了一条毛虫，她会立即切断这种危险的关系，惊恐地把那可恶的害虫扔得远远的。简而言之，对于外祖父母来说，昆虫是一种无趣的生物，几乎总是令人反感，甚至让人不敢用指尖触碰。我对昆虫的兴趣显然不是来自他们。

我对祖父母有更生动的记忆，因为他们健康长寿，让我得以了解他们。他们是土地的子民，一辈子从未翻开过一本书，与字母有着深深的隔阂。他们在鲁埃格高原冰冷的花岗岩脊梁上开辟了一片贫瘠的土地。这所房子被金雀花和欧石楠包围，与世隔绝，周围很远的地方都没有邻居，只有狼不时来访，这就是他们的整个世界。在晴朗的日子，附近几个村庄的人会把牛赶到这里。除此之外我知道的都是传闻，而且非常模糊。

祖父首先是一位牧师，也精通如何打理牛棚和羊圈，但他对其余的事情一无所知。如果他知道有朝一日，他的一个晚辈会痴迷于这些微不足道的、他一辈子从没正眼看过的虫子，他该有多么惊愕啊！要是他猜到这个疯子就是我，是和他并肩坐在餐桌旁的毛头小子，他肯定会一巴掌狠狠拍在我可怜的脖颈上，对我怒目而视！他会大吼："能不能别把时间花在这些没用的事情上！"

那位大家长可不是在开玩笑。我眼前时常浮现出他严肃的面孔：他浓密的头发常常拢到耳后，像鬃毛一样铺在这个老高卢人的肩上。我能看到他的小三角帽，在膝盖处扣着的短马裤，塞满稻草的响亮的木屐。啊！不行，童年的游戏结束了，在他周围养蚱蜢、挖蚯蚓可是不好的。

祖母是一位女圣人，留着罗德兹山区妇女的传统发型：头发盘成一大盘黑色毡子，坚硬如木板，中央的装饰品约一指厚，几乎不比一枚六法郎的埃居大；下巴下面系着一条黑丝带，使这优雅但不稳定的车轮保持平衡。

腌渍食品、大麻、小鸡、乳制品、黄油、洗衣服、照顾孩子、准备家常便饭，这就是那位女勇士脑中的全部世界。她左侧是挂着麻料的纺车，右手拿着飞速旋转的纺锤，不时用唾液湿润；她不知疲倦地行进着，维系着家里的井然秩序。

亲爱的祖母，我亏欠您太多了；正是在您的膝盖上，我最初的悲伤总能得到安慰。您或许给我留下了一点健壮的体魄，一点对劳动的热爱；但我对昆虫的热情肯定与您没什么关系，就像与祖父没什么关系一样。

那种热情和我的双亲也没什么关系。我的母亲完全不识字，她只知道苦难的生活经历，并以此教导我。她完全不是培养我的独特喜好所需要的那种母亲。我能肯定，我必须到其他地方寻找这种喜好的来源。

我会在父亲那里找到它吗？也不行。这个优秀的人像祖父一样努力工作、身材结实，年轻时还上过学。他会写字，但在拼写方面有很大的不被认可的自由；他知道如何阅读和理解，只要不比日历上的故事更难懂就行。他还是家族中第一个屈服于城市诱惑的人。这可不是件好事。

他收入微薄，技能有限，天知道他是怎么过的。他遭遇了乡下人成为城市居民要经历的所有挫折。他心地善良，却时运不济，身负重担。他离让我进入昆虫学领域还很远很远，因为他有其他更紧迫的事情要操心。当他看到我把一只昆虫钉在软木塞上时，他赏了我几个巴掌，这就是我得到的所有的鼓励。也许他是对的。

正式结论就是：遗传中没有任何东西可以解释我对观察的喜爱。有人可能会说，我追溯得还不够远。在我的祖辈往上，回忆所不可及的祖先身上，我会发现什么呢？我知道一部分答案。我将发现更多没有受过教育的祖先，他们是扎根大地的人、劳动的人、播种黑麦的人、放牧的人，所有这些人为俗事所牵绊，全然不知观察的妙趣。

然而在我身上，那个对万物好奇的观察者从我很小的时候就开始萌芽。我为何不谈谈我最早的发现呢？这些发现极其幼稚，却很适合帮助我们理解能力的发展。

我当时约五六岁。正如前文所言，为了减轻这个贫困家庭的负担，我被托付给祖母照顾。在那里的孤独中，在成群的鹅、小牛和绵羊中，我经历了第一次知识的启蒙。那一刻之前，我身处无法穿透的黑暗；而那一刻我出生在现实生活中，我内心的黎明到来，驱散了混沌的浮云，给我留下持久的记忆。我可以很清楚地看到那一刻的自己，身穿棕色粗呢的长袍，沾满污泥的下摆拖在我的光脚上；我记得我的腰带上用绳子系着一块手帕，手帕经常丢失，由袖口代替。

我是个有想法的小男孩，有一天我背着手，面向太阳。炫目的日光迷住了我。我就像被灯光吸引的飞蛾。我该用嘴还是用眼睛来享受这灿烂的光芒？

这是我的科学好奇心萌芽时提出的问题。读者啊，不要发笑：未来的观察者已经在实践、在实验了。我张大嘴巴，闭上眼睛，光芒消失了；我睁开眼睛，闭上嘴巴，光芒又出现了。我重复这个过程，得到了同样的结果。成了！我能肯定是我的眼睛看到了太阳。噢，多么伟大的发现啊！晚上，我和家里人分享了这件事。祖母为我的天真烂漫露出温柔的微笑，其他人却嘲笑我。世界就是这样子。

另一个发现。夜幕降临时，附近的灌木丛中传出窸窸窣窣的声音，在宁静的夜晚听起来非常微弱而柔和，吸引了我的注意。这声音是谁发出的？是在巢中啼叫的雏鸟吗？我要去看看，而且要尽快。有人说这个时候狼已经从森林里出来了，但我还是要去，我不会走远，就走到那里，到那丛金雀花后面。

我观察了很长一段时间，却无功而返。窸窣声停止了，只剩下灌木摇动的细微声响。第二天我又来了，第三天也是如此。这一次我的坚持有了回报。啪！我把手一甩，握住了歌者。它不是鸟，而是一种蚱蜢。同伴们教我品尝它的大腿，作为我长时间埋伏而得到的微薄回报。好家伙，那两条腿吃起来并不像小龙虾，我刚刚才意识到这点。通过观察，我现在知道了蚱蜢会唱歌。我没有透露这个发现，因为我害怕它像太阳的故事一样给我招来耻笑。

噢！那里的花真美啊，在田野里，就在房子旁边！它们仿佛正睁着紫色的大眼睛对我微笑。后来花谢了，我看到它们的位置上长出了成串的大红樱桃。我尝了尝，它很难吃，而且没有核。这些樱桃会是什么呢？季节结束时，祖父带着一把铲子来破坏我的观察场地了。他从地里翻出什么，装在篮子和袋子里，是一种圆圆的块根。我认识这东西，家里多得很，我曾多次在柴火炉子上烹饪它。它就是马铃薯。它的紫色花朵和红色果实永远留在我的记忆中。

未来的观察者，那个六岁的毛头小子，眼睛始终盯着昆虫和植物，独自随心所欲地练习着。他去找花，他去找昆虫，就像大菜粉蝶去找卷心菜，小红蛱蝶去找飞廉[1]一样。他仔细观察，收集信息，他被一种好奇心吸引，而遗传无法解释这种好奇心的奥秘。在他身上有一种他的家族所不具备的能力的萌芽，燃烧着一朵与他的祖先不同的火花。这种幼稚幻想的虚无产物会变成什么呢？如果教育不加以干预，用榜样来滋养它，用锻炼来提高它，这朵火花无疑会熄灭。所以，是学校解释了遗传无法解释的东西。

1　飞廉：一种草本植物。

莫问收获，但问耕耘

梁启超

孩子们：

思成和思永同走一条路，将来互得联络观摩之益，真是最好没有了。思成来信问有用无用之别，这个问题很容易解答，试问开元天宝间李白与杜甫、姚崇与宋璟比较，其贡献于国家者孰多？为中国文化史及全人类文化史起见，姚、宋之有无，算不得什么事；若没有了李、杜，试问历史减色多少呢？

我也并不是要人人都做李、杜，不做姚、宋，要之，要各人自审其性之所近何如，人人发挥其个性之特长，以靖献于社会，人才经济莫过于此。

思成所当自策厉者，惧不能为我国美术界作李、杜耳。如其能之，则开元天宝间时局之小小安危，算什么呢？

你还是保持这两三年来的态度，埋头埋脑去做便对了。

你觉得自己天才不能负你的理想，又觉得这几年专做呆板工夫，生怕会变成画匠。你有这种感觉，便是你的学问在这时期内将发生进步的特征，我听见倒喜欢极了。

孟子说："能与人规矩，不能使人巧。"凡学校所教与所学总不外规矩方圆的事，若巧则要离了学校方能发见。规矩不过求巧的一种工具，然而终不能不以此为教、以此为学者，正以能巧之人，习熟规矩之后，乃愈益其巧耳。不能巧者，依着规矩可以无大过。

你的天才到底怎么样，我想你自己现在也未能测定，因为终日在师长指定的范围与条件内用功，还没有自由发掘自己性灵的余地。况且凡一位大文学家、大美术家之成就，常常还要许多环境与其附带学问的帮助。

中国先辈说要"读万卷书，行万里路"。你两三年来蛰居于一个学校的图案室之小天地中，许多潜伏的机能如何便会发育出来，即如此次你到波士顿一趟，便发生许多刺激，区区波士顿算得什么，比起欧洲来真是"河伯"之于"海若"，若和自然界的崇高伟丽之美相比，那更不及万分之一了。

然而令你触发者已经如此，将来你学成之后，常常找机会转变自己的环境，扩大自己的眼界和胸怀，到那时候或者天才会爆发出来，今尚非其时也。

今在学校中只有把应学的规矩，尽量学足，不唯如此，将来到欧洲回中国，所有未学的规矩也还须补学，这种工作乃为一生历程所必须经过的，而且有天才的人绝不会因此而阻抑他的天才，你千万别要对此而生厌倦，一厌倦即退步矣。至于将来能否大成，大成到怎么程度，当然还是以天才为之分限。

我生平最服膺曾文正两句话："莫问收获，但问耕耘。"将来成就如何，现在想他则甚？着急他则甚？一面不可骄盈自慢，一面又不可怯弱自馁，尽自己能力做去，做到哪里是哪里，如此则可以无入而不自得，而于社会亦总有多少贡献。我一生学问得力专在此一点，我盼望你们都能应用我这点精神。

爹爹

1927年2月16日

追求真理做真人[1]

陶行知

晓光：

　　最近听说马肖生寄了一张证明书给你。他擅自作主，没有经我看过，我不放心。故即时于当晚电你将该件寄回，以便审核有无错误，深信你已经遵电照办。现恐你急需文件证明，特由我亲自写一张，附于信内寄你。你可根据这样证明，找尚达弟力保。我们必须坚持"宁为真白丁，不作假秀才"之主张进行。倘使这样真实的证明不合用，宁可自己出钱不拿薪水，帮助国家工作，同时从尚达

1　1940年末，陶行知次子陶晓光到成都一家无线电厂工作，厂方催要学历证明书。陶晓光没有正规学历，情急之下，只好写信给育才副校长马侣贤求助，获得了一张晓庄学校的"毕业证明书"。陶行知得知后，即电告儿子将此证明书寄回，接着寄出了这封快信。

弟及各位学术专家学习，万一竟因证明不合传统，而连这样的工作学习亦被取消，那么，你还是回到重庆。这里有金大[1]电机工程，也许可去，或与陈景唐兄商量，径考成都金大。总之，"追求真理做真人"不可丝毫妥协。万一金大也不能进，我愿意集专款，帮助你建立实验室，决不向虚伪的社会学习与妥协。你记得这七个字，终身受用无穷，望你必须努力朝这方面修养，方是真学问。

我近来为学校经费困难所逼，驻渝筹款，而重庆天易令人咳，这两天才愈，因此不能早日写信给你，至为歉然。

育才有戏剧、绘画两组驻渝见习，进步甚快。今吾十七动身，日内可望抵渝，大致担任指导部主任。来信寄重庆村十七号。

1941年1月25日

---

1 金大：指抗战时期迁往成都的金陵大学。

小方子，你不能再玩了

曹禺

一

　　小方子，你不能再玩了，爸爸心里真着急。这么大岁数，不用功写作，还不能"迷"在创作里，将来如何得了？我以为人活着总要有一点比较可以自豪的内在的理想，万不能总想着有趣好玩之事，要对爸爸说真话，要苦用功。必须一面写作，一面争取多从真实生活中找素材，积累素材。素材要记下来，一句话，一个人物，一点小故事，分门别类地记。日后要拿出来看，要想。不然记过的东西也等于白记。每晚回家不能创作时，就把一天的材料用心写下来，订成一本。你最好买个活页本，这样更方便。

　　方子，我不是说要你做个苦行僧，但必须有志气，你喜欢干的事情看准了，就要坚持下去。为自己选择了的道路去苦干。

1981年10月9日

二

我以为人生只此一次，不悟出自己活着的使命则一事无成，势必痛悔为何早不觉悟，到了一定年龄便知这是真理。

这几年，我要追回已逝的时间，再写点东西，不然我情愿不活下去。爸爸仅靠年轻时写了那一点东西维持精神上的生活，实在不行。但创作真是极艰苦的劳作，时常费日日夜夜的时间写的那一点东西，一遇到走不通想不通的关，又得返工重写。一部稿子不知要改多少遍。当然真有一个结实的大纲与思想，写下去只是费时间，倒不会气馁。

最近读了《贝多芬传》，这位伟大的人激励我。我不得不写作，即便写成一堆废纸，我也是得写，不然便不是活人。

1982年2月9日

三

我一生都有这样的感觉，人这个东西是非常复杂的，又是非常宝贵的。人，还是极应当把他搞清楚的。无论做任何事情，写作，做学问，如果把人搞不清楚，看不明白，这终究是一个极大的遗憾。

爱因斯坦说"热爱是最好的老师"。他说自己一生的成就都得益于此。我想加一句："着迷是最好的朋友。"希望你能真正在创作中得到平静快乐的心情。

1982年6月10日

四

天才是"牛劲"，是日以继夜的苦干精神。你要观察，体会身边的一切事物、人物，写出他们，完全无误，写出他们的神态、风趣和生动的语言。不断看见，觉察出来，那些崇高的灵魂在文字间是怎样闪光的。必须有真正的思想。没有思想便不成其为人，更何况一个作家。其实向着光明的思想才能使人写出好东西来。卑污的灵魂是写不出真正让人称赞的东西的。

生活中往往有许多印象、许多憧憬，总是等写到节骨眼儿就冒出来了。要我说明白是不可能的，现在不可能，写的时候也不可能。

我的话不是给木头人、木头脑袋瓜写的。你要常想想，揣摩一下，体会一下，看看自己相差多远。杰克·伦敦的勇气志气与冲天干劲，百折不回的"牛劲"是大可学习的。你比起他是小毛虫，你还不知道苦苦修改，还不知道退稿再写，再改。再改，退了，又写别的，写，写，写不完地写，那怎么行？

1983年7月13日

将孩子看作独立的生命个体

尹烨

孩子是一个独立的生命个体，他必须首先是一个有独立人格的人，有他的喜怒哀乐和七情六欲，然后才是你的孩子。在你和他相处生活的过程中，他不可能作为你的一个依附而存在。从另外一个角度讲，你其实也不完全是"你"，你身上还有很多的菌群，你自己本身就是一个生态系统，实际上大家都是一堆生态系统对另一堆生态系统的交互。就像存在主义哲学家雅斯贝尔斯[1]所讲的一样，教育的本质其实是一棵树去摇动另一棵树，一朵云去推动另一朵云，一个灵魂去唤醒另一个灵魂。

1　卡尔·西奥多·雅斯贝尔斯（Karl Theodor Jaspers）：德国存在主义哲学家、神学家、精神病学家。

相比起在幼年时期就把孩子当作一个独立的个体来对待，可能很多父母更加不好接受的是孩子终有一天要长大离开。很多父母明明知道这是一件必然的事情，但是依然会感到伤心。但其实父母们要回想的是，自己是怎么当上父母的？不正是因为离开了原本的家，才能够组建现在的家吗？面对孩子的长大，你可以伤心一下，也可以伤心好几天，但实际上这就是一个必然的程序。孩子不是你的一部分，你只是陪孩子走一段路。瓜熟蒂落，开枝散叶，一切都很正常。

　　实际上也不是孩子离不开你，而是你离不开孩子。你为什么会离不开孩子？那是因为你自己都没活明白，你可以寄托的事物太少了，便将自己的人生重心都压在了孩子身上。在这种情况下，要让孩子接下去的人生过得幸福，其实反而是要告诉他们，父母依然很努力地在生活着，接下去就一起来看看我们这两个家庭，哪个能过得更加幸福、更加开心。

　　如果更进一步地思考，将孩子看作独立的生命个体，其实还意味着，你要接受孩子会长成跟你不一样的人。你做什么，孩子就跟着做什么，那仅仅是一些技能的传授，一种潜移默化的影响。但孩子今天成长的土壤和环境，都和我们当时不一样了，所以他们注定会和我们不一样，他们最终还是会成为自己。我们所有人，不管你这一代多成功，都要做好一个准备——你的孩子这辈子大概率就是一个平庸的人。这个地球上绝大部分的人，都是我们今天世俗定义里所谓平庸的人。反过来讲，这个"平庸"如果我们能把它看成"平凡"，就会更好。让你的孩子找到自己和世界相处的方式，这就够了。

所谓的一代更比一代强，这在广义的每一个家庭的角度上去理解是不可能的。单纯的高低比较只会带来焦虑，这些都是没有意义的。他们能在自己的生活中过得很开心，拥有一些上一代未曾具有的能力，这就已经足够了。

就像我曾经跟我女儿炫耀，开玩笑地说你爸小时候所有的学科都是考100分的，可是你看你，这科才考了90分，那科才考了80分。这时我女儿反过来问我，那爸爸你舞蹈也能考100分吗？我才猛然想起，我不会跳舞，甚至连压腿都不行。

节选自《做从容的父母》

全书完

陪孩子慢慢长大

果麦 _ 编

产品经理 _ 陈佳敏　　装帧设计 _ Monocolour　　版式设计 _ 文薇　　产品总监 _ 熊悦妍

技术编辑 _ 白咏明　　执行印制 _ 梁拥军　　策划人 _ 王誉

营销团队 _ 毛婷 孙烨

果麦
www.guomai.cn

以 微 小 的 力 量 推 动 文 明

图书在版编目（CIP）数据

陪孩子慢慢长大 / 果麦编 . — 杭州 ：浙江文艺出
版社，2023.6
ISBN 978-7-5339-7104-5

Ⅰ．①陪… Ⅱ．①果… Ⅲ．①家庭教育 Ⅳ．① G78

中国国家版本馆 CIP 数据核字（2023）第 002886 号

陪孩子慢慢长大
果麦 编

责任编辑　於国娟
装帧设计　Monocolour
插　　画　吴雨青

出版发行　浙江文艺出版社
地　　址　杭州市体育场路 347 号　邮编　310006
经　　销　浙江省新华书店集团有限公司
　　　　　果麦文化传媒股份有限公司
印　　刷　河北鹏润印刷有限公司
开　　本　880 毫米×1230 毫米　1/32
字　　数　100 千字
印　　张　6.5
印　　数　1—10,000
版　　次　2023 年 6 月第 1 版
印　　次　2023 年 6 月第 1 次印刷
书　　号　ISBN 978-7-5339-7104-5
定　　价　59.80 元